# 고달픈 은자의 삶, 오봉산

# 고달픈 은자의 삶, 오봉산

| | |
|---|---|
| 발행일 | 2025년 12월 3일 |

| | |
|---|---|
| 지은이 | 임동훈 |
| 펴낸이 | 손형국 |
| 펴낸곳 | (주)북랩 |

| | |
|---|---|
| 출판등록 | 2004. 12. 1(제2012-000051호) |
| 주소 | 서울특별시 금천구 가산디지털 1로 168, 우림라이온스밸리 B동 B111호, B113~115호 |
| 홈페이지 | www.book.co.kr |
| 전화번호 | (02)2026-5777    팩스  (02)3159-9637 |
| ISBN | 979-11-7598-010-5 03230 (종이책)    979-11-7598-011-2 05230 (전자책) |

잘못된 책은 구입한 곳에서 교환해드립니다.
이 책은 저작권법에 따라 보호받는 저작물이므로 무단 전재와 복제를 금합니다.
본 도서는 (주)북랩이 보유한 리코 인쇄 장비 등 자체 생산 인프라를 통해 제작되었습니다.

작가 연락처 문의 ▶ ask.book.co.kr
전용 게시판에 문의를 남기시면 저자에게 직접 전달됩니다.

**(주)북랩** 성공출판의 파트너
북랩 홈페이지와 SNS에서 다양한 출판 솔루션을 만나 보세요!

홈페이지 book.co.kr    •    블로그 blog.naver.com/essaybook    •    출판문의 text@book.co.kr
카톡채널 북랩

보이지 않는 세계를 향한 한 수도자의 순례기

# 고달픈 은자의 삶, 오봉산

임동훈 지음

 북랩

## 서시

桐千年老 恒藏曲(동천년로 항장곡)이요

梅一生寒 不賣香(매일생한 불매향)이라

月到千虧 餘本質(월도천휴 여본질)이요

柳莖百別 又新枝(유경백별 우신지)니라

오동(가야금)은 천 년을 지나도 그 가락을 유지하고

매화는 평생을 춥게 살아도 그 향을 팔지 않으며

달은 천 번을 이지러져도 그 본질은 남아 있고

버들은 백 번을 꺾여도 새로 가지가 나온다.

— 상촌 신흠 (象村 申欽, 1566~1628)

## 서언

# 영

영(靈)은 라틴어 Spititus로 공기, 바람, 호흡 등을 의미한다. 하나님의 영(Spirit)과 사람의 영(spirit)은 소통이 가능하다. 하나님의 형상대로 지어진 이마고 데이(Imago Dei)[1], 하나님께서 그에게만 특별히 불어넣어 주신 독보적 숨결의 은총이다. 따라서 우리는 하나님의 자녀로서 생존적 본능 외에 영적 활동을 더욱 소중히 여기게 된다.

하지만 동물이나 식물은 그와 같은 신령한 영이 없다. 돌고래와 침팬지, 보노보(bonobo)[2] 등이 상당한 지능을 가지고 있

---

[1] 하나님의 형상대로 지어진 인간이 신적 속성을 지니고 있다는 말이다.
[2] 인간과 가장 비슷한 동물로서 지능이 뛰어나 비인간 인격체로 분류된다.

지만, 자기 생존 본능과 종족 보존을 위한 수단과 방법일 뿐이다. 그들은 먹고 자고 싸는 본능적 활동을 하면서 종족 보존의 의무를 마치면 다시 흙으로 돌아간다. 그것으로 끝이다. 더 이상 아무것도 없다. 하나님의 영으로 거듭나지 못한 호모 사피엔스(homo sapiens)[3]도 그와 별반 다르지 않다.

> '주 하나님이 땅의 흙으로 사람을 지으시고 그 코에 생명의 기운을 불어넣으시니, 사람이 생명체가 되었다.'(창세기 2:7)

## 영성

영성(靈性)은 하나님의 품성(spirituality)을 뜻하지만, 하나님 아버지와의 올바른 관계를 유지하기 위한 그 자녀로서 신앙 활동이나 방식을 말한다. 따라서 영성 지수가 높으면 지능 지수도 높고, 사회적으로 공헌할 확률도 그만큼 높아진다. 그 삶의 만족도와 행복지수도 당연히 증가하게 된다.

따라서 일관된 마음으로 기도하고 묵상하는 사람은 그 뇌

---

[3] 현재까지 유일하게 생존하는 인류로 '지혜로운 사람'이라는 뜻이다.

세포가 활성화하여 정신적, 육체적으로 유익한 유전자를 만들어 낸다. 사실 믿음은 보이지 않는 실체로서 무한한 영적 능력을 발휘한다. 생각을 바꾸면 운명이 바뀐다는 말이다. 편의적 기계 시대가 끝나고 본질적 영성 시대가 임하면 그 인간성이 획기적으로 발전할 것이다.

'여러분 안에 이 마음을 품으십시오. 그리스도 예수 안에 있는 마음입니다.'(빌립보서 2:5)

## 영성 지수

영성 지수 SQ(spiritual quotient)는 사람을 사람답게 만드는 순기능의 역할을 감당한다. 인간의 본능적 기능을 최대한 억제하고, 하나님의 신령한 성품을 최고로 증대시켜 준다. 지능 지수 IQ(intelligence quotient)와 감성 지수 EQ(emotional quotient)는 사람과 동물이 다 같이 성장할 수 있는 통유성 기능이지만, 영성 지수 SQ는 사람만이 성숙할 수 있는 특유성 기능이다. 하나님을 아버지로 섬기고 사랑하며, 이웃을 배려하고 포용하며, 그들과 더불어 열심히 살아가도록 유도한다.

'형제자매 여러분, 내가 말하려는 것은 이것입니다. 살과 피는 하나님의 나라를 유업으로 받을 수 없고, 썩을 것은 썩지 않는 것을 유업으로 받지 못합니다.'(고린도전서 15:50)

## 임사 체험

임사 체험(臨死 體驗)은 모든 종교와 그 종교인의 여부를 떠나서, 어떤 사람이나 다 경험할 수 있는 신비적 현상이다. 그들 가운데 일부는 유체 이탈까지 체험함으로써 사후의 세계를 미리 맛보기도 한다.

'우리는 보이는 것이 아니라 보이지 않는 것을 봅니다. 보이는 것은 잠깐이지만 보이지 않는 것은 영원합니다.'
(고린도후서 4:18)

## 고차원 세계

지금 우리가 살고 있는 이 세상보다 한층 더 높은 고차원의 세계가 분명히 존재하며, 그곳에 전능하신 하나님께서 살아계시고, 우리는 그분을 창조주 아버지로 알고 믿어 섬김으로써,

그 나라의 풍성한 은혜를 마음껏 누릴 수 있다. 이를 깨닫고 받아들이는 것이 우리에게는 그 무엇보다도 중요하다. 우리는 그분에게 우리의 인생을 통째로 맡길 수 있고, 그분을 통해 새로운 피조물로 다시 태어나 영원히 살 수 있다.

'예수님이 그들의 눈에 손을 대시며 너희 믿음대로 되라고 하셨다.'(마태복음 9:19)

## 오봉산

오봉산은 양강도 백두산, 평안도 묘향산, 강원도 금강산, 경기도 삼각산, 경상도 지리산의 다섯 산과 그 봉우리를 말한다. 이를 통해 우리는 한반도의 지형과 지세를 자세히 살펴볼 수 있고, 우리의 조국과 민족을 세상 끝 날까지 사랑할 수 있다.

'그는 우리 민족을 사랑하고, 우리에게 회당도 지어 주었습니다.'(누가복음 7:5)

# 은수자

우리는 오봉산 등정을 위해 고달픈 은자의 삶을 스스로 이어가며, 하나님의 영광스러운 나라에 올라가는 훈련을 받고 있다. 이로써 우리는 날마다 그의 나라에 좀 더 가까이 나아갈 수 있고, 거룩하신 하나님과 연합하고 일치함으로써 신령한 합일에 이를 수 있다.

'너는 기도할 때 네 골방에 들어가 문을 닫고, 은밀하게 계시는 네 아버지께 기도하라. 은밀한 중에 계시고 보시는 네 아버지께서 네게 갚아주실 것이다.' (마태복음 6:6)

2025년 11월

한 작은 은둔소에서, 사다리 임동훈

## 차례

서시      4
서언      6

### 제1편 — 백두산 - 악마의 가시      15

랜섬 디도스 / 랜드로버 / 글쟁이 / 목숨 권세 / 짐차운전
사랑과 위로 / 설날 꿈 / 막일 / 병아리(1) / 새싹 / 정답
목마 / 개학식 / 시험 / 쓰레기 / 깊은 잠 / 여행 / 지하철역
권세와 열정 / 빈집 / 난국 / 어린아이 / 성교육 / 아파트
신고인지초진로 / 봉사활동 / 일병 계급장 / 인내 / 과속
돈봉투 / 성령의 불 / 난관 / 병아리(2) / 난맥상 / 아들
큰 불 / 세미나 / 교육 / 악마의 가시 / 십일조(1) / 장애 / 지체

### 제2편 — 묘향산 - 상처와 치료      81

구임다사 / 지각 / 포기 / 최 선진 / 실적 비 / 빚쟁이
졸업반 / 병아리(3) / 십일조(2) / 가마솥 / 오해 / 연기
고무신 / 카오스 / 고기잡이 / 목사 작가 농부 / 세월
의의 소망 / 미혹 / 시련 / 비탈길 / 해바라기 / 물고기
사과나무 / 월드컵 / 상처와 치료 / 경품 잔치 / 우선순위

수도 누수 / 흰 고무신 / 닭장 / 가위손 벌레 / 분위기
손님 / 버스 여행 / 뱀장어 / 소나무 / 교통사고
닭장 맹세 / 수탉 / 제사장 복 / 낚시 / 어린 양 / 보험금
우유 / 세 과부 / 세 아들 / 똥물 / 꺼벙이 / 면티

## 제3편 — 금강산 - 비움의 훈련　　　　　　　　135

타협 / 하나님과 사과 / 치고받기 / 거푸집 / 외톨이
하트 사과 / 지휘봉 / 주의 사역 / 부채 / 민폐 / 헌금
자리 / 꿀 훈련 / 잔고 / 토지 매매 / 비상금 / 긴장
올림픽 선수 / 밤새워 라가라 / 달구 새끼 / 악몽
자중지란 / 작은 개 / 아버지 / 흙 / 죽음 / 소천
졸음 귀신 / 식대 / 순례 / 잔챙이 / 평화 보험 / 난장
여자 / 개 / 들개 / 신발 열매 / 빚 / 음란 / 산행
고독 / 옛 뱀 / 비움의 훈련 / 빨간 명찰 / 후원금
점심 / 담배 / 졸음 / 기도 / 임신

## 제4편 — 삼각산 - 오푸스 데이　　　　　　　　193

불 / 거지 근성 / 역전 / 반려견 / 배려 / 심방 / 영적 나태 / 과일

기사자 / 추도 / 여동생 / 청년 / 땔감 / 발바닥 / 소망 / 마른 가지
밭 / 돕는 자 / 금욕과 쾌락 / 무심의 폭행 / 다래의 고통
오푸스 데이 / 치매 징조 / 검정 고무신 / 가습기 / 배탈 / 사과
역살 굿 / 패킹 / 구도자의 길 / 교사 / 자매 / 화재 / 에토스
수도 훈련 / 인사말 / 떠남과 머묾 / 도배 / 복 / 사슴
돌의자 / 사다리 요한 / 빗소리 / 재가 수도사 / 오수 / 치인
밀애 / 동행 / 참깨

## 제5편 — 지리산 - 은자의 자유　　　　　　　　259

바비큐 파티 / 패 / 열쇠 / 여행길 / 출입중 / 용모 단장 / 책임성
구원의 길 / 수도명 / 포터 여행 / 인삼 / 동동주 / 여자애 / 장로 연설
콘크리트못 / 좌망 / 달 / 일가친척 / 대청소 / 두 형수 / 헛간 / 문
수녀 / 은자의 자유 / 티테디오스 / 크리스토스 / 다섯 숫자 / 트라우마
도갓집 / 펜션 사업 / 서상주 / 꽃 수 / 동창회 / 꽃씨 / 무호흡증
산책 / 요절 / 민물고기 / 오목 / 행복 꽃집 / 단세포 / 정치꾼 / 꿩닭
아마와 프로 / 작은 자 / 골목길 / 동반자 / 식사 / 사모 / 작은 자매
삼층천 소감

후기　　　　　　　　　　　　　　　　　　　　312
후시　　　　　　　　　　　　　　　　　　　　317

†

제1편

# 백두산
- 악마의 가시

## 랜섬 디도스

노트북의 자료가 갑자기 사라지고 기기가 먹통이 되었다. 읍내에 있는 '늑대와 여우'에 갔더니 랜섬 디도스(ransom-DDoS)[4] 공격으로 자료가 코팅되고 기계까지 망가졌다고 했다. 그들이 자료를 돌려주는데 보통 오백만에서 수천만 원까지 요구한다고 해서 깨끗이 포기하고 말았다. 그리고 윈도즈 2010으로 업데이트했으나 속도가 느려 결국은 노트북을 폐기하게 되었다.

그때 약 2년간의 신앙적 체험과 신령한 계시, 꿈, 환상 등의 이야기를 정리한 〈예수 나라 옴니버스〉 11권의 자료를 상실했다. 그래서 〈예스 11〉은 생략하고, 〈예스 12〉로 건너뛰어 띄엄띄엄 자료를 수집했다. 그로부터 약 5년이 지나서, 이제 그 이름을 바꿔 〈고달픈 은자의 삶, 오봉산〉으로 〈예스 시리즈〉를 모두 마치려고 한다.

---

[4] 다수의 컴퓨터를 원격으로 조종하여 특정한 웹 사이트에 동시 접속하고, 짧은 시간에 과부하를 일으켜 사이트를 마비시킨 후, 이를 볼모로 웹 사이트 운영자에게 돈을 요구하는 행위이다.

## 랜드로버

날마다 치근대며 쫓아다니는 지적 장애 자매가 있었다. 상당히 귀찮았다. 어느 때는 화장실까지 따라와 힘들게 했다.

언젠가 수선을 맡긴 신발 여섯 켤레를 그 여주인이 들고 왔다. 수선비가 10,000원이었다. 자매가 5,000원을 깎자고 하여 내가 말했다.

"연천에서 여기까지 온 기름값도 안 되겠다."

그러자 자매가 지갑에서 오천 원짜리 두 장을 꺼내 주었다. 지갑에 남은 돈은 전부 천 원권이었다. 수선한 그 신발 가운데 우선 랜드로버를 찾아 신었다. 그 신발이 가장 편했기 때문이다. 그런데 한쪽 뒤축이 접혀 있어 뭔가 이상하다는 느낌이 들었다. (2021. 2. 3)

## 글쟁이

새벽예배를 드리고 기도하다가 불현듯 생각이 떠올랐다.
'그래, 그동안 배운 대로 오늘 아침 일찍 과수원에 나가 나무를 간벌하자.'
그때 갑자기 뇌리를 스치는 메시지가 있었다.
'예수 그리스도는 지상 최고의 이야기꾼이 아닌가?'

"그렇죠! 그런데 이게 뭐지? 왜 갑자기? 그래, 〈예수 은유〉를 통해 성경 속의 비유 이야기를 한번 쭉 드러내 보자. 어쩌면 이것이 내 마지막 글쟁이 사역일지 모른다. 주님 품에 안기기 전에. 목사 농부가 아니라 농부 목사로서, 〈예수나라 옴니버스〉 칼럼니스트요, 〈예수 복음〉 저자로서, 어디 다시 한번 글쟁이가 되어 보자."

그래서 우선 여기저기 흩어져 있는 예수님의 비유를 다 모아 보았다. 하지만 〈예수 은유〉는 끝내 발간되지 않았다. 막상 자료를 모아놓고 보니 그 양이 엄청 많았다. 게다가 〈예수 복음〉과 〈예수 팩트〉와도 그 내용이 대부분 겹쳤다. 그와 달리 해석할 새로운 알레고리를 찾지 않는 한, 그 의미가 별로 없어 보였다. (2021. 11. 4)

## 목숨 권세

이른 아침에 범상치 않은 꿈을 꾸었다. '목숨 권세'가 자기 손을 움켜잡고 울상을 지었다. 크게 다친 것 같지 않았지만, 오랜 친구로서 외면할 수가 없었다.

"어디 한번 보자."

그의 손바닥에 작은 못 자국 같은 상처가 보였다. 주변에 반창고가 없어 우선 포장용 테이프를 조금 잘라 붙여주며 말했다.

"그래, 병원으로 가자."

그가 손을 움켜잡고 먼저 밖으로 나갔다. 시간을 보니 밤 11시 30분이었다. 그때 희미한 불빛이 안방에서 흘러나오고 있었다. 무슨 일인가 싶어 미닫이문을 열었더니, 텅 비어 있는 공간에 휑하니 차가운 바람이 불었다.

그 빛이 골방에서 새어 나왔다. 골방을 들여다보니 건넛방에서 빛이 비치었다. 건넛방을 바라보니 작은 백열등 불빛 아래 어머니가 이불을 반쯤 끌어다 덮고 앉아 있었다. 그 옆에 아들딸과 손자녀들이 자고 있었다. 깜짝 놀라 물었다.

"아니! 언제 여기 오셨어요?"

당연히 서울에 계실 줄 알았던 어머니가 '목숨 권세'와 내가 있던 바로 옆 마루방에 있었기 때문이다. 어머니가 다정히 말하며 안방으로 건너왔다.

"저런, 깊이 잠이 들었던 모양이구나!"

그리고 바싹 다가와 앉으며 내 귀에다 대고 조용히 말했다.

"네 아버지가 돌아가셨나. 내가 우선 가묘를 써 놓았다."

"예? 설마! 그럴 리가요?"

"맞다. 벌써 며칠이 지났다. 장례를 치러드려야 한다."

그때 길에서 나를 지켜보던 '목숨 권세'가 그 말을 듣고 크게 당황하며 급히 떠나는 모습이 보였다. 손바닥 상처가 거짓임이 드러나는 순간이었다. (2021. 12. 3)

## 짐차 운전

언제부터인가 나는 짐차를 운전하고 있었다. 어디서 와서 어디로 가는지도 모른 채, 그냥 차를 몰고 달리고 또 달렸다. 비몽사몽간에 희미한 광경을 보니 내가 살던 옛 고향집이었다. 목이라도 축일 겸 잠시 들러 쉬어가고 싶었다.

우선 차를 마당에 세우고 툇마루로 걸어갔다. 마루 위 쟁반에 물과 컵이 놓여있었다. 그 물을 한 잔 마시며 살펴보니, 내가 푸른 제복에 파란 모자를 쓰고 있었다. 무슨 엔지니어가 아니면 죄수 같았다.

그때 차가 스르르 움직이기 시작했다. 깜짝 놀라 보니 운전석은 분명히 비어 있었다. 그런데 차가 능수능란하게 작동되었다. 최첨단 인공지능이 운전하는 것 같기도 하고, 어쩌면 눈에 보이지 않는 전능자의 손에 의해 차가 움직이는 듯했다.

그래서 차를 둘러보니 육중한 화물칸에 아스팔트를 걷어낸 폐기물들이 가득 실려 있었다. 게다가 그 뒤에 또 하나의 화물칸이 열차의 짐차처럼 달려 있었다. 거기에도 그 폐기물이 가득 실려 있었다.

'어휴, 저 무거운 짐들을 여기까지 싣고 오다니! 아흔아홉 구비나 되는 재를 넘어서.'

그때 차 뒤에 걸린 연결고리가 철거덕하고 풀어지더니, 뒤쪽 짐칸에 실린 폐기물이 땅바닥에 쏟아졌다. 윗집 가산 댁의 마당이었다.(그 가산이라는 동네에 지금 내가 살고 있다) 그 차의 짐칸이 두 개로 너무 길어 우리 집 마당에 다 세울 수가 없었기 때문이다.

그리고 차가 덜컹덜컹하면서 후진을 몇 번 하더니, 짐칸 위에 실린 보조 작업차가 이리저리 구르며 땅바닥에 내려와 자리를 잡았다. 그 역시 운전사 없이 스스로 작동했다. 이어서 윗집과 우리 집 사이 담벼락 턱에 차 뒤꽁무니를 몇 번 부딪혀 짐을 뒤쪽으로 가지런히 모으더니, 바닥에 나머지 짐을 모두 쏟아부으며 90도 각도로 방향을 틀어 남쪽 큰길로 빠져나갔다.

그때 또 그와 같은 화물차가 폐기물을 가득 싣고 큰길을 따라 내려오다가 가로막고 선 그 차를 보고 서서히 멈춰 서는 모습이 보였다.

'오, 주여! 주께서 보시기에 제가 오죽이나 답답하셨으면.'

(2022. 1. 15)

## 사랑과 위로

새벽녘에 이상한 환상이 보였다. 평소 타고 다니던 자전거 체인이 끊어졌다. 자전거를 질질 끌고 가면서 보니 체인이 엉키며 연결고리가 떨어져 나갔다. 대충 주섬주섬 주워 주머니에 담았다. 그런데 그 연결고리에 황금 조각이 섞여 있었다. 뭔가 이상히 여기면서도 그냥 스쳐 지나갔다. 점심시간이 막 지난 오후였다. 그때 어떤 사람이 나타나 말했다.

"내가 퇴근 시간까지 자전거를 고쳐주겠다. 넉넉잡아 6시 15분까지 다 고쳐놓을 테니, 그때 와서 타고 가거라."

그래서 여기저기 길가에 떨어진 체인 조각을 모두 주워 봉지에 담아 건네주었다. 상당수가 황금이었다. 그러고 보니 그런 봉지가 하나 더 있었다. 열어 보니 역시 금 조각과 은 조각이 섞인 체인 부속이었다. 언젠가 주워놓은 듯했다. 그것도 마저 주며 말했다.

"여기 또 있네."

"뭘 자꾸 줘."

그는 내심 기뻐하며 싫지 않은 기색이었다. 내가 준 금과 은 조각이 새 체인의 값을 능가하는 가치가 있었으나, 나는 그에 개의치 않고 그냥 무덤덤했다.


그리고 새벽예배를 드리며 홀로 선포했다.

"오, 주님! 죽어가는 거리의 영혼들을 위해 나의 생명까지 다 내어준다 한들 그것이 무슨 대수겠습니까?"

그때 내 주변의 사람들이 너무 불쌍해 보였다.

'그래, 윤동주 시인의 시처럼 죽어가는 모든 것들을 다 사랑하진 못해도 위로는 해야지 않겠나?' (2022. 1. 22)

## 설날 꿈

2022년 임인년 설날 새벽이었다. 어느 교회에서 회중 가운데 앉아 예배를 드리려고 했다. 그때 걱정거리가 하나 있었다. 언젠가 발부받은 교통 범칙금을 낼 시간이 없어 납부하지 못했기 때문이다. 그 고지서가 성경책 사이에 끼워져 있었다. 한 장로가 내 옆에 있다가 말했다.

"뭘 그리 걱정하세요. 이리 주세요. 내가 내어 드릴게요."

그때 나는 돈이 아니라 시간이 없었다. 그에게 감사하며 고지서를 건네주었다. 그런데 고지서에 아무 기록이 없었다. 그냥 빈 양식이었다. 그래서 미심쩍어하면서도 지갑을 꺼내 오만 원짜리 지폐를 두 장 꺼내 주었다. 내 지갑에는 그 외에도 잔돈이 조금 더 들어 있었다.

그리고 성경책을 펴 보니 고지서 절반이 또 끼어 있었다. 그래서 그것도 장로에게 건네주었다. 그런데 그 반쪽 고지서에도 일련번호나 금액 등이 없었고, 내 이름만 수기로 쓰여 있었다. 여전히 미심쩍었지만 어떻든 짐을 덜었다는 생각에 안도했다.

얼마 후 나와 그 장로 사이에 여자 성도 대여섯 명이 자리를 채우고 앉았다. 나는 왼쪽 끝에, 그 장로는 오른쪽 끝에 앉아 있었다. 그러다가 나는 그 바로 앞자리로 옮겨 앉았고, 내 옆에는 안수집사로 보이는 중년 남성이 앉았다. 그가 일어나더니 강대상을 향하여 뭐라고 한마디 했다. 그때 여전도회 헌신 예배를 드리는 듯했고, 사회상에는 여성 지도자가 서 있었다. 그녀가 말했다.

"예배 날짜를 그렇게 갑자기 바꾸면 어떻게 합니까?"

그리고 자리에 앉는 모습을 보니 샌들을 신고 있었다. 아무리 자유분방하게 열린 예배를 드린다고 해도 그건 좀 지나치다는 생각이 들었다. 이어서 담임목사의 설교가 시작되었다.

그런데 그 목사님의 복장도 아주 특이했다. 평상복 바지에다 중세 검투사의 복장과 비슷했다. 그가 강대상 아래위를 오가며 자유롭게 말씀을 전했다. 마치 옛날이야기를 재미나게 하는 듯했다. (2022. 2. 1)

## 막일

지방 연합회를 대표하는 목사님이 방문하여 잠시 대화를 나눴다. 내가 먼저 말을 건넸다.

"6월 27일 시간이 좀 나십니까?"

"그날 우리 교단에서 중요한 행사가 있습니다."

"큰 교단의 총회는 적어도 사흘간의 시간을 두고, 하루쯤 자유롭게 참석하도록 유도하는 것이 바람직하다고 봅니다."

"그럴 수도 있겠지요. 그럼, 이제 가봐야겠습니다. 막일할 시간입니다."

그러고 보니 그는 작업복을 입고 있었다. 큰 교회 목사님이 막일하다니 좀 의아했으나 그냥 인사하고 보내드렸다. 그런데 그가 저녁때 다시 와서 말했다.

"일을 잘 마치고 품삯은 70,000원 받았습니다. 이 돈을 보태 손님을 접대하십시오."

그래서 나는 작업복 윗도리 주머니에 그 돈을 받아 넣었고, 그는 좁은 창문을 통해 밖으로 나갔다. 창틀 아래 사다리가 놓여있었고, 우리가 있는 곳은 2층이었다. 거기 정식 출입문이 없었다. 이렇게 '주님이 원하는 종'은 우리에게 은혜를 베풀고 떠나갔다. (2022. 2. 3)

## 병아리(1)

새벽에 보니, 작은 닭장 왼쪽 구석에 깃털이 빠지고 피골이 드러난 병아리가 있었다. 슬쩍 건드려 보니 한 마리는 재빨리 도망을 갔고, 다른 한 마리는 축 늘어진 상태로 가만히 있었다. 완전히 죽지는 않았으나 살아날 가망이 거의 없었다. 그래서 집게로 집어 밖에 들어내 놓았다.

그리고 닭장 오른쪽 구석을 보니, 역시 병아리 몇 마리가 깃털 없는 날개를 폈다 오므렸다 하면서 숨을 헐떡이고 있었다.

툭 건드려 보니 몇 마리는 도망을 갔고, 두 마리만 그대로 있었다. 그중에 한 마리는 그나마 서서 숨을 쉬었으나, 다른 한 마리는 너무 작고 연약하여 볼품도 없었을 뿐만 아니라 기진맥진한 상태로 일어나지도 못했다.

그때 벌써 한 달째 교회에 나오지 않는 아이들이 생각났다. 마음이 울컥하여 기도하기 시작했다.

"오! 훈아, 혜야, 현아! 내가 너희들을 볼 면목이 없구나. 지금 당장 적당한 상자를 마련하여, 30W 백열등을 켜고 안을 따뜻하게 한 후, 깨끗한 물과 모이를 넣어주고, 너희들을 정성껏 키워야 마땅하지만, 그렇게 하지 못하는 나를 용서해다오. 나는 오랫동안 너희 같은 애들을 키워봐서 웬만하면 살릴 수 있다. 하지만 지금은 아무것도 할 수 없으니, 내가 어떻게 하면 좋단 말이냐?"

"오, 주여! 주께 빕니다. 이들을 돌봐주십시오. 그 어미의 사정과 형편을 굽어살펴주시고, 그 품에서 그들이 안전히 거하게 하십시오. 성령께서 이들의 마음과 생각을 지켜주십시오. 이들이 죽지 않고 잘 살아가게 해 주십시오. 오직 주님의 긍휼하심만이 이들이 살길입니다. 아울러 이 부덕한 종도 불쌍히 여겨 주십시오. 아멘." (2022. 2. 4)

## 새싹

어제 잔뜩 긴장하고 하루를 보낸 탓에 밤잠을 설쳤다. 아침을 먹은 후 한숨 푹 자고 일어나 눈을 뜨니 10시였다.
"아, 오랜만에 잘 잤다. 이제 일하러 가야지."

그때 생생한 환상이 보였다. 메마르고 척박한 자갈밭에 샛노란 싹이 빼곡히 자라고 있었다. 언젠가 그와 비슷한 환상을 몇 번 본 적이 있지만, 그때보다 상태는 조금 안 좋은 듯했다. 게다가 그곳을 가로질러 자동차가 지나다녀 땅이 잔뜩 굳어 있었다.
'길가처럼 딱딱한 땅에 자갈까지 깔렸으니, 이를 어쩌면 좋나?'
하지만 다른 땅과 다름없이 싹들이 모두 잘 자라고 있었다.
'싹이 저렇게 자라는 것을 보니 땅속에는 촉촉한 거름기가 있는가 보다.'
그때 어떤 사람이 그 같은 환경에서 자라는 싹들을 보고 상한 마음을 치료받는 듯했다. (2022. 2. 5)

# 정답

어느 도시 골목 안에 작은 교회가 있었다. 여성 목회자가 길에서 무슨 일을 하다가 나를 보고 대뜸 말했다.

"요즘 코로나 사태로 예배를 제대로 드리지 못해요."

"그래도 이런 도시에서는 성령님의 감동으로 사람들이 지나다가 방문할 수도 있잖아요. 일단 예배 시간에 맞춰 문을 열어놓는 것이 좋지 않을까요?"

"아, 그러면 우리 교회에 공무원 부부도 있고, 최소 네 명은 함께 예배드릴 수 있을 것 같네요."

그 말을 듣고 나와 함께한 자매가 얼른 대답했다.

"그게 좋겠어요."

그 목회자는 내가 공무원인 줄 알고 그 교회에 참석하면 좋겠다는 뜻으로 그리 말하는 듯했다. 하지만 나는 내가 섬기는 교회가 따로 있음을 상기하고 말했다.

"나는 우리 교회에서 예배드려야지요."

그때 자매가 활짝 웃으며 대답했다.

"그러고 보니 정답은 항상 밖에 있었네요."

의외의 대답에 그것이 무슨 의미인지 몰라 의아했다.

'아, 그러고 보니 이제야 자매가 제정신이 돌아온 건가?'

그때 그 여성 목회자의 남편이 담배를 피우며 모퉁이를 돌아 나오고 있었다. 내가 유심히 바라보니 그가 민망한 듯 얼른 담뱃불을 껐다.

 그리고 나는 그들을 떠나 자매와 함께 시장길을 걸어가고 있었다. 그런데 어찌 된 영문인지 담배가 내 손에 들려 있다는 사실을 알고 얼른 쓰레기통에 던져버렸다.
 '어휴, 이놈의 담배도 평생 나를 따라다니며 힘들게 하는군!'
 그러고 보니 그놈의 담배도 정말 지긋지긋했다. 내가 평소에 담배를 피우는 것도 아니고, 어찌하여 그토록 자주 꿈에 나타나 나를 민망하게 하는지, 그것도 사탄의 농락이 아니라면 정말 불가사의한 일이다. (2022. 2. 10)

## 벌거숭이

 벌거숭이 상태로 버스에서 내렸다. 그런 나를 두고 버스는 여지없이 떠나갔다. 민둥산 비탈길을 미끄러지듯 내려가며 급히 볼일을 보았다. 저만큼 구비 진 고개를 지나 한참 더 내려가니 버스가 갓길에 서서 기다리고 있었다. 버스 기사가 나를 보더니 휴게소 주차장으로 들어가 차를 세웠다. 그에게 다가가 말했다.
 "휴지 좀 주세요!"
 "없어요!"

나와 함께 탄 다섯 명의 목회자가 그 옆에서 말했다.
"다섯 개나 있었는데."
그때 기름 넣고 받은 휴지가 운전석 옆에 그대로 있었다. 그걸 들고 좁은 뒷골목으로 들어갔다. 거기 재래식 변소가 있었다. 입구에 웅크리고 서서 뒤처리하고 안쪽으로 던졌다. 내 뒤에서 어떤 할머니가 지켜보고 있었으나, 아랑곳하지 않았다. 할머니가 기다리다 못해 변소 안으로 들어가는 모습이 보였다. 나는 그렇게 세 번의 뒤처리를 하고 거리로 나왔다. 일단 버스에 타고 옷부터 챙겨 입은 후, 진지하게 사과하려고 마음먹었다.
'제가 노망이 든 것 같습니다. 대단히 죄송합니다.'
그리고 조수 측 앞자리로 나가 탑승객을 둘러보니, 정장한 남성을 포함하여 여러 사람이 있었다. 하지만 좌석을 다 채우지는 않았다. 그런데 그들의 표정이 모두 무덤덤했다. 사과할 분위기가 아니어서 그만두었다. 그때 나는 적어도 세 번의 낭패와 회복이 있었음을 깨닫게 되었다.
이후 연합회장이 동료 목사님들을 보고 뭐라 나무라는 소리가 들렸다. 나를 두고 그러는가 싶어 물어보았더니, 부회장이 멀리 출타하여 회의에 참석하지 않았기 때문이라고 했다. 그리고 나는 어딘가에서 출타한 그 부회장과 함께 나란히 누워 이불을 덮고 있었다. 그때 그가 아랫도리를 벗고 있었다.
"오래전 우리 외할아버지가 생각나는군. 원래부터 이렇게 벗고 자는 거요?"

"네. 옷을 걸치면 이래저래 거치적거리고 불편해서요. 어휴, 아무튼 죄송해요." (2022. 2. 11)

## 등짐

그리 순탄치 않은 여행을 계속하다가 어느 교회 앞에 도착했다. 출입문은 열려 있고, 안에는 선배와 후배 목사님들이 모여 있었다. 선배 목사님이 방금 도착한 나를 힐끗 쳐다보더니, 시간이 다 되었다는 듯 앞으로 걸어 나가는 모습이 보였다. 나도 서둘러 따라가야 한다는 생각이 들었다.

그때 나는 외투를 비롯해 몇 가지 옷을 손에 들고 있었다. 그것이 귀찮아 좀 거북해도 몸에 걸치려고 했다. 그런데 내 등에도 이미 무슨 짐이 있었다. 그러고 보니 나도 모르게 늘 그 짐에 짓눌림을 당하고 있었다.

나는 무의식중에 그 짐을 지고 나섰다. 마당 한쪽 구석에 비어 있는 공간이 있어 거기 그 짐을 내렸다. 너무 오래되어 무슨 짐을 언제부터 지고 다녔는지 기억조차 없었다. 그런데 이리저리 살펴보니 짐은 없었고, 그 짐을 얹고 다닌 나무 판때기만 있었다. 그것도 거의 썩고 문드러져 형체를 알 수 없을 정도였다.

그것을 버리고 돌아보니, 언젠가 누가 준 담배 한 개비가 내 입에 물려 있었다. 깜짝 놀라 그것도 쓰레기 더미 속으로 던져버렸다. 그러자 옷가지 몇 개만 남았다. 몸이 홀가분해지니 그것도 거추장스러웠다. 그래서 그 옷마저 버리고 홀가분하게 교회 안으로 들어가려고 했다. (2022. 2. 19)

## 속옷

목욕탕에 들어가 씻으려고 했으나 속옷이 마땅치 않아 망설이고 있었다. 언젠가 빨래하려고 벗어놓은 팬티와 메리야스를 다시 챙겨 욕조 옆에 두었다. 그때 누이가 말했다.

"뭘 그리 챙기려고 해. 그냥 옆방으로 들어가."

그래서 부끄러운 곳만 가리고 일단 밖으로 나갔다. 누이가 한마디 했다.

"뭘 그리 부끄러워해."

그렇게 옆방으로 들어가 보니 그곳도 목욕탕이었다. 욕조 옆에 내가 들고 온 속옷을 두었더니, 누이가 와서 새 팬티와 메리야스, 스타킹과 양말까지 모두 챙겨 놓았다. 그제야 안심이 되었다.

그리고 보니, 오늘이 아버지의 요양 등급 심사를 위해 상담자가 방문하는 날이었다. 주의 뜻이 이루어지기를 기도하고 찬송가 425장을 불렀다.

"주님의 뜻을 이루소서 고요한 중에 기다리니
진흙과 같은 날 빚으사 주님의 형상 만드소서."

'오, 주여! 주께서도 잘 아시다시피 제가 할 수 있는 일이라 곤 이 세상에 아무것도 없습니다.' (2022. 2. 21)

## 벌레

밤새 뒤척이다 새벽녘에 깜빡 잠이 들어 꿈을 꾸었다. 어떤 사람이 아버지께 다가와 뭐라고 하면서 소주병으로 머리를 쳤다. 휠체어를 타고 요양 중인 아버지는 꼼짝없이 당했다. 요양보호사가 옆에서 말렸으나 아랑곳하지 않고 몇 번을 더 내리쳤다. 보다못해 내가 그 소주병을 빼앗아 그의 머리를 내리치고 낭떠러지 아래로 밀쳐 버렸다. 살인자가 된다는 생각을 하니 아찔했다.

그가 절벽에서 몇 번 구르더니 강물에 떨어졌다. 그가 죽었는가 싶어 유심히 지켜보았더니 서서히 고개를 들고 강가로 기어 나왔다. 잠시 후 정신을 차리고 벌떡 일어나 돌을 들더니 모리배 네 명을 데리고 나에게 다가왔다. 그렇게 다섯 명이 살기를 띠고 접근했다.

　나는 죽기 아니면 살기로 그 돌을 빼앗아 마구잡이로 깨뜨리기 시작했다. 네 개의 돌을 차례로 깨뜨리고 마지막으로 내가 들고 있는 돌까지 쇠스랑으로 쳐서 깨뜨려 버렸다. 그러고 보니 그들 네 명은 석돌이었고, 마지막 돌은 아버지를 치던 그자로 차돌이었다.

　"이제 벌레들이 다 죽었군!"

　옆에 있는 사람들이 맞장구쳤다.

　"벌레? 맞아! 벌레들이지. 인간 벌레."

　그때 제정신이 들어 중얼거렸다.

　"아무리 벌레 같은 인간이라도 살인을 저질렀으면 112에 신고해야지." (2022. 2. 28)


## 특별 사면

　왕위를 계승하고, 임금의 자격으로 세 명의 특별 사면을 부탁드렸더니 아버지께서 쾌히 받아주셨다. 그때 보니 아홉 살짜리 꼬마가 그 부모와 함께 있다가 나를 쳐다보았다. 가정 형편이 어려워 학교에 다니지 못하고 있다는 사실을 알고, 우선 그 아이부터 구원하기로 했다.

　다음으로 50대 가장의 사업 실패로 그의 온 가족이 어려움을 겪는 모습을 보고, 그도 사면 대상이라고 여겼다. 그리고 온 사방에서 신음하는 소리가 들려 쭉 둘러보니, 이 모양 저 모양으로 실의에 빠진 사람들이 무수히 많았다. 그래서 마지막으로 그들도 한꺼번에 모두 사면하기로 마음먹었다. (2022. 3. 15)

## 바른길

  어느 지하 식당 앞에서 몇 사람이 서성거리는 모습을 보고 가파른 계단을 따라 내려갔다. 거기 90도 가까운 절벽과 어설픈 손잡이가 있었다. 고소공포증이 일어나 벽에 몸을 바짝 기대어 붙였다. 도저히 내려갈 엄두를 못 냈다. 몸에 밧줄을 매고 암벽 등반하는 사람들의 그런 코스처럼 느껴졌다.
  그때 옆 복도에서 식당 주인으로 보이는 거구의 아줌마가 걸어 나왔다. 다급한 나머지 다짜고짜 그녀에게 부탁했다.
  "저 좀 도와주세요!"
  "저런, 바른길을 두고 왜 그리 내려갔어요?"
  그리고 그녀가 위로 올라가더니 밧줄을 내려주었다. 양팔을 들어 겨드랑이에 단단히 걸고, 난간을 손으로 꽉 잡았다. 먼저 오른쪽 발을 위로 들어 올리고, 마지막으로 몸을 위로 한껏 끌어당겼다.

다행히 여주인의 체구가 있어서, 그 발만 약간 미끄러지고 몸은 끌려오지 않았다.

그때 몸을 한껏 꼬부리고 숨을 죽이며 조마조마하게 누워 있던 나는, 그제야 한숨을 돌리며 옆으로 돌아누웠다. 시간을 보니 새벽 3시 30분이었다. (2022. 3. 16)

## 비상

야심한 밤중에 비상이 걸렸다. 사람들이 허둥대며 산으로 올라갔다. 나는 볼일을 보고 개운치 않은 상태로 적당한 장소를 찾아 산꼭대기까지 올라갔다. 한 자매가 무슨 일이 있는 듯 급히 내려오는 모습이 보였다.

그녀가 산 중턱에 이르러 구조가 독특한 지프차를 타면서 뭐라 중얼거렸다. 그 차 뒤에 한 병사가 목줄이 달려 끌려가고 있었다. 이미 의식을 잃은 듯 곤두박질치며 매우 위험해 보였다. 나도 모르게 순간적으로 소리쳤다.

"야, 이놈들아! 이게 무슨 짓이냐?"

그러자 차가 멈춰 섰다. 제멋대로 자란 수염도 깎지 않고 우락부락하게 생긴 운전병이 윗옷을 벗더니 씩씩거리며 다가왔다. 그가 치면 맞을 수밖에 없다고 생각되어 태연히 있었다. 그가 주먹을 쥐고 높이 들어 올린 상태에서 그 팔이 멈췄다.

내가 조용한 말로 타일렀다. 그때 차 꽁무니에 매달려 끌려오던 사람이 의식을 되찾아 다가오더니 그에게 말했다.

"내가 잘못했다. 이제 그만해라."

그도 그 운전병 못지않은 체구에 윗옷을 벗고 있었으며 수염이 아무렇게 자라나 있었다. 무슨 특수 임무를 맡은 비밀공작원들처럼 보였다. 나도 그의 가슴과 팔뚝을 쓰다듬으며 위로했다.

"무슨 일인지 모르지만, 이제 서로 용서하고 화해하세요!"

그 순간 그의 모습이 순한 양처럼 바뀌었다. (2022. 3. 17)

## 부목사

다소 규모 있는 큰 교회에 부목사가 시무하고 있었다. 강대상 뒤로 가로놓인 두 개의 의자 가운데 그 우측 의자에 우리가 앉았고, 그 좌측 의자에도 두 사람이 우리와 같이 앉아 있었다.

그때 바르고 정직한 목사님이 와서 그에게 자리를 양보하고 나는 바닥에 앉았다. 그는 그 교회를 담임하고 있었다. 그런데 앞에서 사회를 보던 부목사가 갑자기 나를 나오라고 했다. 그래서 내가 나가서 말했다.

"제가 여기 온 지 1년 가까이 되었습니다. 이제 그 간증을 간단히 할까 합니다."

그때 담임목사가 나와서 나를 소개하고 성경을 펴더니 마지막 한 대목을 가리키며 말했다.

"여기를 참조하여 성경 한 장만 읽고 간증하시면 됩니다."

나는 그 성경 구절이 눈에 잘 들어오질 않아 잠시 망설였다. 그는 상당히 진보적인 사람이었고, 나는 가급적 교회 정치는 물론이고, 사회 정치도 담쌓고 살기를 원했다. 그때 교우들이 웅성거렸고, 뒤에 앉은 사람들의 말소리가 마이크를 통해 그대로 흘러나왔다. 그 말을 한참 듣다가 정신을 차리고 말했다.

"제 간증은 다음에 시간이 주어지면 그때 하기로 하고, 오늘은 노래나 한 곡 부르겠습니다. 한국어로 한 절, 영어로 한 절을 하겠습니다."

그리고 찬송가 305장을 부르기 시작했다.

*Amazing grace how sweet the sound that saved a wretch like me!*

*I once was lost but now am found was blind but now I see.*

나 같은 죄인 살리신 주 은혜 놀라워
잃었던 생명 찾았고 광명을 얻었네.

그런데 당황하여 한국어가 아니라 영어로 먼저 불렀다. 그때 강단 아래 교인들을 보니 여기저기 20여 명이 뜨문뜨문 앉아 있었고, 다들 흥미가 없어 딴전을 피우고 있었다.

"어휴, 정치를 할 줄 아나 노래를 부를 줄 아나? 나도 참 답답하기 그지없는 사람이구나!" (2022. 3. 18)

## 목마

어떤 사람과 함께 목마 타고 어디를 가고 있었다. 한 자매가 우리를 끈질기게 따라왔다. 처음에는 관심을 두지 않았으나 이런저런 대화를 나누다 보니 너무 가엾다는 생각이 들었다. 목마에서 내려 자매를 위로하며 그 손을 잡았다. 그리고 셋이 함께 걸었다. 그가 나에게 물었다.

"이제 기분이 좀 어때?"

"어색하지만 나쁘진 않아."

그렇게 이상야릇한 기분에 사로잡혀 한참 걷다가 보니 비로소 그 기억이 났다. 언젠가 이들에게 일정액의 내 소유를 나눠주었다는 사실을. (2022. 3. 24)

## 개학식

　낡은 프라이드 차를 몰고 언덕길을 오를 때, 바로 앞에 사고 난 차가 있었다. 미처 속도를 줄이지 못해 그냥 밟고 지나갔다. 덜커덩하는 소리에 사람이 치었는지 모른다는 생각이 들었다. 우측 주차장으로 들어가 일단 차를 세웠다. 그때 건장한 사람들 몇이 다가와 말했다.
　"이번 사고로 많은 것을 깨닫게 되었습니다."
　"그럼 사고당하신 분이 바로 당신입니까?"
　"그렇습니다. 이번 일로 제가 감사드립니다."
　그 얼굴을 보니 잔잔한 평화가 깃들어 있었다. 큰 사고는 아닌 듯하여 일단 안심되었다. 그리고 서둘러 돌아가려고 그에게 물었다.
　"그렇다면 차가 슬쩍 스쳤습니까?"
　"그렇습니다. 걱정하지 마십시오."
　"그래도 수리비를 좀 드리겠습니다."
　그리고 지갑을 꺼냈다. 오만 원짜리 두 장과 만 원짜리 두세 장, 천 원짜리 너덧 장이 들어 있었다. 그중에 오만 원짜리 두 장을 뽑아 주려고 했다. 그때 그가 지갑을 가로채며 말했다.
　"이리 주세요! 제가 알아서 가져갈게요."
　그리고 만 원짜리 한 장을 빼고 돌려주었다.
　"아닙니다. 여기 오만 원짜리로 가져가세요."

그가 의아한 표정을 지으며 그 돈을 받아 갔다. 그때 주차장 관리인이 와서 말했다.

"오늘 학교 가야죠?"

"예? 아, 가야죠."

그리고 벽시계를 보니 8시 30분이었다.

"30분 남았네요. 이제 가겠습니다."

그리고 올라오던 길을 되돌아 내려가 사거리에서 좌회전했다. 학교 가는 친구들이 서로 얘기하고 있었다.

"오늘 개학식인데 안 가면 안 되나?"

"첫날이니 가는 게 좋지."

그리고 보니 개학식 날이었다. 그제야 어렴풋이 기억이 떠올랐다. 비포장길이라 제시간에 도착할지 의문이었다. 직선거리로 육칠백 미터쯤 되었다. (2022. 4. 1)

## 시험

오전 9시가 조금 지나 학교에 도착했다. 바로 강의실에 들어가지 않고 로비에서 기도하며 기다리다 잠시 졸았다. 벽시계를 보니 10시 10분 전이었다. 서둘러 겉옷을 걸치고 출입문 앞으로 가서 방문자 명부에 이름을 적었다. 그 옆에 있던 직원이 출입증을 보이라고 했다.

"송구합니다. 제가 출타 중에 바로 와서 없습니다."

그와 조금 안면이 있었다. 얼른 적고 들어가라고 했다. 문을 열고 들어가 보니 강의는 이미 끝나고 시험을 보고 있었다. 앞으로 나가니 교수가 시험지를 주면서 말했다.

"여기서 이걸 보고 얼른 써."

그래서 시험지를 받아 그 자리에서 이름을 적었다. 그런데 내가 어느 학교에 다니며, 무슨 과정을 공부하는지, 아무것도 기억나지 않아 머뭇거리다 그냥 신대원이라 썼다. (2022. 4. 2)

## 쓰레기

큰 쓰레기 봉지를 질질 끌며 산비탈을 내려가고 있었다. 아래쪽에 철조망으로 둘러싸인 연병장이 보였다. 그 안쪽에서 사병들이 걸어 나왔다. 길가에서 기다리던 동창생들이 보고 환호했다.

"유진이! 유진이! ~"

그런데 그 유진이라는 병사의 캐릭터가 아주 독특했다. 백수염발의 노인이 앳된 여자애처럼 가슴이 볼록 튀어나와 있었다. 얼굴도 예쁘장한 사람이 영락없는 여군이었다. 하지만 긴 백발에 흰 수염을 휘날리고 있었다. 작은 여자애가 산신령 차림을 한 듯했다. 그는 여자 동창생들에게 더욱 인기가 좋았다.

"우리 유진이, 유진이 최고! ~"

나는 내가 가지고 있는 쓰레기부터 치워야 한다는 생각에 버릴 곳을 찾았지만 마땅치 않아 큰길로 질질 끌고 내려갔다. 한쪽 구석에 버릴만한 공간이 있어 그리로 갔다. 그때 쓰레기 더미에 자동차 열쇠가 놓여있어 우선 그것부터 주머니에 집어넣었다.

그리고 분리수거한 것, 재활용품 등을 따로 골라 집어넣고, 마지막으로 큰 봉지를 통째로 밀어 넣었다. 무슨 문서를 잘게 자른 종이가 가득 들어 있었고, 그 사이에 소주병도 몇 개 끼어 있었다.

그때 한 병사가 다가와 이것저것 다시 분리하여 쓰레기를 정리하였고, 나 외에 다른 몇 사람도 거기 와서 쓰레기를 버리고 갔다. 그제야 나는 내 몸이 홀가분하다는 생각이 들었다. (2022. 4. 2)

## 깊은 잠

어디서 어떤 사람을 따라가다가 놓치게 되었다. 바로 앞에 삼거리가 나왔다. 좌측 오르막길을 택하여 올라갔으나 그는 보이지 않았다. 그리고 어느 산기슭에 자리를 깔고 누워 잠을 잤다. 일어나 보니 바로 옆에 묘지가 두 개 있었다. 약간 으스스한 기분이 들었다.

자리에서 일어나 곧장 마을로 내려가려고 물건을 정리했다. 그때 위에서 떠들썩한 소리가 들렸다. 청년들과 아이들이 떼를 지어 내려왔다. 거기 사람들이 있다는 것만으로 너무 반가웠다. 그들에게 물어보았다.

"아직도 그 위에 사람들이 있어요?"

"예, 아직도 많이 있어요. 그러고 보니 얼마 전 거리에서 흰 옷을 입고 가르치신 바로 그분이네요. 무덤 옆에서 무섭지 않으세요?"

"살아 있는 사람이 없으니 어쩌겠어요. 죽은 사람이라도 없는 것보다는 낫지요."

나는 기억에 없었으나 그는 나를 알아보고 주변 아이들에게 소개했다. 그때 무덤 옆에서 코 고는 소리가 들렸다. 내가 발로 툭 차며 말했다.

"누가 여기서 코를 골며 자는 거야?"

그러자 그 옆에 또 한 사람이 있다가 둘이 동시에 일어났다. 내 누이와 조카였다. 누이가 나에게 물었다.

"내가 언제부터 여기서 잤지?"

나는 기억이 없었으나 누가 옆에서 일러주었다. 그러자 누이가 다시 말했다.

"아, 그때 잠이 깊이 들었구나. 그 일을 마무리하지 못하고."

그때 내가 조카에게 말했다.

"어서 내려가 이 짐을 차에 실어라."

나는 얼른 마을로 내려가고 싶어서 그렇게 말했으나 조카는 머뭇거리다가 자리를 떠서 보이지 않았다. (2022. 4. 3. 주일)

## 여행

큰집 장조카와 질부 그리고 그 아이들 세 명이 나를 찾아왔다. 갑작스러운 그들의 출현에 깜짝 놀라 물었다.

"아니, 이게 어찌 된 거야?"

"서울에서 여기까지 걸어오면 500만 원 상당의 선물을 주거든. 그래서 여행 삼아 갑자기 오게 되었어."

"설마? 선별해서 주겠지."

"아니, 아무나 다 줘."

그때 뒤에서 인기척이 있어 돌아보니, 온몸이 뒤틀리고 꼬부라진 장애인이 지팡이 하나에 의지하여 비틀거리며 다가왔다. 얼른 일어나 자리를 양보했다.

"이리 앉으십시오!"

"아, 예. 예! 감사합니다. 감사합니다!"

그리고 조금 더 가까이 다가오더니 땅바닥에 풀썩 주저앉았다. 그때 우리 중에 한 자매가 거기 있었다. 그녀와 무슨 긴한 이야기를 나누려는 듯이 보였다. 그의 몸은 성한 곳이 하나도 없었지만, 그 마음씨와 말씨만은 참으로 거듭난 그리스도인 같았다.

그 모습을 보고 곰곰이 생각하다가 상당한 시간이 지나서 일어났다. 하지만 그것이 무엇을 의미하는지 감동은커녕 그 어떤 생각도 떠오르지 않았다. 하루이틀을 더 지나도 마찬가지였다.

다만 어쩌면, 그 만신창이 장애인이 바로 내가 아닐까 싶었다. 아무 능력도 없으면서, 꼴에 아직도 여전히 여자에게 미련을 두는 것으로 봐서, 아무튼 그렇게 짐작되었다. (2022. 4. 6)

## 지하철역

어느 지하철역에서 사다리를 타고 밖으로 나가려고 했다. 스테인리스에 기름을 칠한 듯, 사다리가 미끌미끌하여 조금만 실수해도 큰일이 생길 듯했다. 마지막 몇 계단을 앞두고 정말 힘들었다. 아래로 떨어지면 뼈도 못 추릴 것 같았다.

그때 어떤 사람이 위에서 힘과 용기를 북돋아 주었고, 그 딸들이 아래에서 나를 밀어줘서 간신히 지상으로 올라갔다. 다시는 지하로 내려가고 싶은 생각이 없었다. 그래서 카드를 버리려고 하다가 지하와 지상에서 다 쓸 수 있다는 사실을 알고, 일단 그것으로 표를 사려고 대기실에 들어갔다.

그 순간 발밑에 뭐가 뭉클하고 밟혔다. 다행히 바로 옆에 젖은 걸레가 있었다. 그것을 이리저리 밟으며 대충 닦았다. 창구 직원이 그 모습을 보고 말했다.

"누가 큰 개를 몰고 와서 싸놓은 배설물입니다. 앞으로 잘 단속하겠습니다." (2022. 4. 10)

## 권세와 열정

무슨 큰 사고를 당한 듯 온몸이 온전치 않은 장애인이 수중 발레하듯 두 발만 높이 들고 무용하여 박수갈채를 받았다. 그런데 행사를 마치고 보니, 그 두 발도 자기 발이 아니었다. 그때 어떤 권세가 나타나 그 열정을 노려보았고, 열정은 무슨 말을 하려고 하다가 꾹 참으며 그 권세를 꼬나보았다. (2022. 4. 13)

## 빈집

어느 마을에서 한 빈집을 둘러보고 있었다. 내가 그 집을 샀거나 아니면 분양받은 것으로 보였다. 그때 으스스한 기운이 느껴졌다.

"여기 뭐가 있는 거야. 있으면 어디 한번 나와 봐!"

그렇게 큰소리치면서도 온몸이 오싹하여 밖으로 나왔다. 그때 샛문이 스르르 열리며 벌거벗은 여자가 부엌으로 들어갔다. 깜짝 놀라 멈칫하며 소리쳤다.

"저런, 요사스러운 것이!"

그리고 마루에 걸터앉았더니 어느새 그녀가 내 앞에 와서 노려보고 있었다. 그 벗은 몸을 한번 보고 싶었으나 무슨 일이 일어날지 몰라 눈길을 돌릴 수 없었다. 그녀가 말했다.

"그 꼴에 감히 나를 보려고 해."

그래서 실눈을 뜨고 슬쩍 보니 나도 알몸으로 벌거벗고 있었다. 게다가 뭔가 더러운 이물질이 몸에 잔뜩 묻어 있었다. 그래서 얼른 화해를 청했다.

"잠시, 잠시만 진정하고."

그녀는 마루에 걸터앉고 내가 그녀 앞에 섰다. 주객이 전도되었다. 그녀가 무표정한 모습으로 물었다.

"도대체, 무엇을 원하는데?"

그리고 보니 그녀는 천사도 아니지만 악한 요물도 아닌 듯했다. 그래서 그녀의 양 무릎을 잡고 말했다.

"네 몸을 한번 만져보면 안 될까?"

어디서 그런 용기가 솟아났는지 나도 의아했다. 그녀가 기가 차다는 듯이 먼 하늘을 바라보았다.

그 순간 오늘이 고난주간 성금요일이고, 지금 새벽예배를 드릴 시간이라는 사실을 알고 크게 소리쳤다.

"이런, 세상에! 하필 이 시간에, 이런 일이! 정말 부질없는 것이!" (2022. 4. 15)

## 난국

 정처 없이 세상을 떠돌다가 주차장에 차를 세우고 계단을 이용하여 사무실로 내려갔다. 어느덧 날이 저물어 영업시간이 거의 끝날 때가 되었다. 그동안 방황하며 허송세월한 것이 너무 아쉬웠다. 하지만 나도 어쩔 수가 없었다. 그때 계단이 너무 가파르고 위험해 보였다. 외줄 사다리를 타고 땅속으로 내려가는 기분이었다. 다행히 주인아줌마가 아래쪽에 기다리고 있었다.

 그리고 얼마 후 다시 지상 주차장으로 올라갔다. 하나밖에 없는 내 짐을 찾았으나 보이질 않았다. 어디에 두었는지 기억조차 없었다. 그때 주인아줌마가 뭔가 생각이 났는지 한쪽 구석에 처박힌 작은 상자를 찾아 들고 다가왔다.

"이게 저기 있기에 혹시나 하고 챙겨두었어요. 보세요."

 내 짐이 맞았다. 그 속에 감자가 들어 있었다.

"맞아요."

 내 짐은 그렇게 찾았으나 내 발과 다름없는 각그랜저 차를 어디 두었는지 기억나지 않았다. 인지장애가 치매로 진전되는 듯했다. 희미하게 기억나는 곳으로 가보았으나 역시 없었다. 여기저기 다 찾아보았으나 눈에 띄지 않았다.

그때 자매가 와서 다시 찾아보았으나 역시 없었다. 자매가 언덕을 조금 오르다가 멈춰 섰다. 그 언덕 위에 내가 앉아 있었다. 자매가 아래쪽을 유심히 바라보다가 다시 내려가기 시작했다. 경사가 너무 심해 뒤로 앉아 쭉 미끄러지며 내려갔다. 자매의 무표정한 그 모습을 보니 모든 것을 포기한 듯했다.

나도 자매를 따라 그렇게 내려갈까 했으나, 90도 가까운 수직 경사가 너무 두려웠다. 나가떨어지면, 죽지 않으면 중상을 입을 것으로 보였다. 겁이 덜컹 나서 뒤로 벌렁 자빠지며 길가에 드러누웠다. 그때 비상사태가 생겼을 때 응급 헬기의 도움을 받을 수 있다는 안내판이 눈에 띄었다.

이래저래 개떡 같은 일들이 자꾸 생겨 총체적 난국을 보였다. 갈 길은 멀고 해는 저물어 모든 것이 막막했다. (2022. 4. 19)

## 어린아이

평소 아이들을 돌보는 자매가 다른 일을 하고 있었다. 아이가 궁금해서 물었다.

"아이는?"

"어제 놀던 놀이터에 간다고 해서 가라고 했어요."

그때 주변을 둘러보니, 어린아이가 계단을 암반 타듯 조심조심 내려가고 있었다. 아직 어려서 걷지 못하고 기어다녔다. 위쪽 계단을 잡고 가까스로 아래쪽 계단에 발을 내딛곤 했다. 계단 하나의 높이가 아이 허리에 닿았다. 그렇게 한두 계단을 더 내려가는 모습을 보니, 안타깝고 불안했다.

그때 누가 위에서 복도 청소를 하는지 계단에 물이 흘러 내렸다. 아닌 게 아니라 아이가 미끄러지며 계단 옆으로 나가떨어졌다. 깜짝 놀라 아이를 보니, 난간에 세워진 손잡이 기둥에 그의 오른쪽 종아리가 끼어 휘청휘청하며 대롱대롱 매달려 있었다. 그나마 아래쪽으로 굴러떨어지지 않은 것만도 천만다행이라 생각하며, 아이를 붙잡아 꼬인 다리를 풀었다.

"어휴, 큰일날 뻔했군."

그리고 아이 다리를 만져보니 다행히 골절되지는 않았고, 난간에 낀 종아리 부분만 대나무 마디처럼 불룩 솟아나 있었다. 그 모습을 보고 아이가 울기 시작했다. 아이를 안고 병원에 가려고 했다.

그리고 보니 그 아이의 모습이, 52년 전 차 사고로 다리를 다친 나의 모습과 같아 보였다. 결국 성질을 이기지 못하고 또 한마디 했다.

"이런 빌어 처먹을! 참으로 한심한 노릇이야!" (2022. 4. 20. 야밤에)

## 성교육

어디서 무슨 교육을 받기 위해 준비하고 있었다. 강사와 이것저것 묻기도 하고 듣기도 하다가 시간이 되어 내가 앞으로 나갔다. 그때 나의 모습을 보니, 바지는 벗고 팬티만 입고 있었다.

깜짝 놀라 주변을 둘러보니, 출입구 옆 옷걸이에 교육생이 벗어둔 바지들이 겹겹이 걸려 있었다. 다행히 내 작업복 바지가 맨 위쪽에 걸려 있어 얼른 갖다 입었다. 그때 강사도 자기 바지를 찾아 입으며 말했다.

"이런, 형편없어. 보이지도 않아. 얼마야?"

"맞아요, 최고 12센티 정도"

강사가 자랑하듯 말했다.

"나는 보통 15센티."

그리고 선반에서 모형 양주병과 잔을 내려주며, 전시관에 가서 얘기하고 잠시 진품과 바꿔 오라고 했다. 그래서 출입문을 열고 나가 보니 왼쪽에는 계단이, 오른쪽에는 사무실이, 그 맞은편에 전시관이 있었다. 그 안으로 들어가 보니 작은 가게가 있었다.

그 가게 선반에 양주가 일렬로 쭉 진열되어 있었다. 직원에게 모형을 주면서 얘기했더니 진품에 매직으로 비표하고 주었다. 그 양주와 잔을 받아 강사에게 갖다주니 뭐라고 한마디 하며 크게 칭찬했다.

그때 강의는 이미 시작되었고, 내 자리에 다른 사람이 앉아 있었다. 그래서 강사 뒷자리에 따로 앉았다. 성인들을 대상으로 무슨 성교육을 하는 듯했다. 그리고 보니 나는 성에 대한 문외한으로 성교육이 꼭 필요한 사람이었다. 하지만 그것이 너무 어색하여 줄곧 회피하곤 했다. (2022. 4. 20. 새벽)

## 아파트

어느 곳에 아파트가 있었다. 거실에 들어가 보니 네모반듯하진 않았으나 아주 깨끗하고 아늑했다. 크기가 마치 작은 운동장 같았다. 통유리 밖으로 펼쳐진 녹색 정원은 잘 가꿔진 골프장처럼 보였으며, 경관이 정말 장난이 아니었다.

그런데 그 유리를 만져보니 비닐로 싸여 있었다. 사람들의 안전을 위한 것인지, 유리를 보호하기 위한 것인지 확실치는 않았으나 그에 괘념치 않았다. 내가 어떻게 해서 거기 있게 되었는지도 알 수가 없었지만, 아무튼 내 아이들과 그 어머니가 살고 있는 집이라 생각하니 다소 뿌듯한 느낌이 들었다. 그때 딸애가 거실로 나와 말했다.

"우리 기수네 논 사."

"논을? 무슨 돈으로."

"엄마가 중매하고 받은 돈이 있어. 이제 곧 올 거야."

기수는 막내 여동생의 친구로 짐작되었지만, 그것이 무슨 의미인지 자세히 알 수 없었다. 다만 재정적으로 다소 여유가 생긴 것처럼 느껴졌다. (2022. 4. 22)

## 신고인지초진로

어느 공장에서 일한 후 직원 회식에 참석하여 술을 마셨다. 밤늦게 기숙사로 돌아와 씻고 잤다. 다음 날 나와 한 작은 친구는 제때 일어나지 못해 출근할 수 없었.

시간이 한참 지나서, 회사 사모님이 찾아와 위로해 주었다. 아예 결근할 수는 없어 늦게나마 출근하려고 마음먹었다. 그때 회사의 선임 기사가 옆에 있었다. 메모지를 들고 공장 주소와 찾아가는 차편을 물어보니, 그는 그것이 대수롭지 않다는 듯이 말했다.

"철도와 버스, 직행과 일반이 있습니다."

"그보다 쉽게 가는 다른 길은 없나요?"

"배를 타면 공장 바로 앞까지 갑니다."

"주소는요?"

"신고인지초진로…"

종이에 받아 적으면서도 주소가 너무 이상하여 외우기가

쉽지 않았다. 그때 사모님을 비롯하여 내 주변 사람들이 모두 나를 깍듯이 대우하여 더욱 조심스러웠고, 책임감과 의무감이 더했다. (2022. 4. 29)

## 봉사활동

어느 도시 달동네를 찾아 봉사활동을 실시했다. 교회 차량이 오래되어 어려움을 겪었으나 청년들이 세 발 손수레로 물건을 옮겨주는 등 열심히 섬겨주었다. 봉사를 마치고 소변을 보려고 어느 한 집에 들어갔다. 화장실이 없어 간이 변기를 갖다 놓고 얇은 천으로 덮어 놓았다. 오물이 차서 보기에 민망했다.

봉고차를 타고 나오면서 어디 식사할 곳을 알아보라고 했다. 청년들이 인터넷을 검색하더니 좋은 곳이 있다고 했다. 어디냐고 물었더니 얼마 안 가서 바로 옆에 있다고 했다. 그 식당 주차장에 도착했다. 그때 차 문이 열리지 않아 살펴보니 문틀에서 이탈하여 덜렁거렸다. 철사로 단단히 묶은 후 문을 열어 주었다. 우리 교회 차량은 1999년식 스타렉스로 실제로 문이 잘 열리지 않았다.

식당은 약간 비탈진 곳에 있었고, 바로 앞에 큰 풀장이 보였다. 청년들이 다짜고짜 그 물속으로 뛰어들었다. 그때 한 여자가 벌거벗은 몸으로 큰 엉덩이를 흔들어 보이며 물속으로 다이빙했다. 그리고 바로 일어서는 모습을 보니 배가 유난히 불쑥 튀어나온 임산부였다. 그녀가 곁눈으로 나를 힐끗 쳐다보았다.

그 순간 나는 눈을 돌려 그녀의 몸을 보지 않고 주차할 공간을 찾아 위쪽 건물로 올라갔다. 그곳에 주차할 자리는 있었으나 주차선이 없었다. 게다가 차량 출입을 못 하게 각목과 판자로 어설프게 막아놓았다. 다른 자리가 없어 그곳으로 차를 몰고 들어갔다.

그때 한 노인이 휠체어를 타고 나오다가 나를 보고 다가왔다. 내 사정과 형편을 얘기하고 양해를 구했더니, 그가 다소 어눌한 말로 승낙을 했다.

"그러시오. 식사 후 숙박은 여기 와서 하시오. 내가 이곳 회장이오." (2022. 5. 1)


## 일병 계급장

오랜 기다림 끝에 일병 계급장이 달린 모자를 받았다. 이윽고 나도 정식으로 군인이 되었다는 생각에 자부심을 느꼈다. 친구들과 함께 신병 교육장으로 들어갔다. 나는 위쪽의 복잡하고 넓은 문이 아니라 아래쪽의 한가하고 좁은 문을 통해 안으로 들어갔다. 생각과 달리 위아래 자리가 다 넉넉했다.

그때 아래쪽에서 누가 풍선이 가득 달린 애드벌룬을 띄웠다. 공중에서 풍선들이 흩어지며 장관을 이루었다. 그 축제 분위기에 고취되어 맨 아래쪽 강단으로 펄쩍 뛰어 내려갔다. 한 여성 강사가 나를 수상히 여기며 다가와 물었다.

"너는 누구냐?"

그 표정을 보니 심하게 책망하려는 듯했다. 그리고 자기 코를 내 얼굴 앞에 갖다 대며 다시 말했다.

"더 심한 것이 있을 수 있어."

그녀는 내가 낮술을 먹고 그런 무모한 짓을 하지 않았는지 의심하는 눈치였다. 그래서 징계를 피하려고 대뜸 말했다.

"저는 목사입니다. 술을 마시지 않습니다."

그러자 그녀가 안심한 듯 얼굴색이 확 바뀌며 말했다.

"정말이야! 그렇다면 너를 내 동생으로 삼겠다."

그리고 나를 살며시 안아주었다. 나도 그녀를 살포시 안으며 말했다.

"저도 누님으로 삼겠습니다."

그녀는 내 얼굴만 보고 동생으로 삼겠다고 하였으나 나는 내 나이가 더 많을 것으로 여겨져 일부러 그렇게 말했.

(2022. 5. 2)

## 인내

만원 버스를 타고 어느 행사장으로 가고 있었다. 나는 버스 출입구 쪽에 서 있다가 계단에 신문지를 깔고 잠시 앉았다. 목적지를 얼마 앞두고 기사가 볼일 차 잠시 쉬었다 간다고 하면서 내렸다. 그 시간을 기다리지 못하고, 차라리 걸어간다고 하면서 사람들이 우르르 내렸다. 나도 그들을 따라 내렸다. 다리를 건너다 내 다리가 불편함을 깨닫고 말했다.

"그래도 나는 버스를 타고 가는 편이 낫겠습니다. 거리가 오 리나 될 것 같아요."

그때 일부 사람들이 나와 함께 버스로 돌아왔다. 버스 안을 보니 자리가 넉넉했다. 창문을 통해 어떤 사람 옆에 자리를 잡아 놓고 화장실에 갔다. 발에 흙이 묻어 씻기 위해서였다. 그런데 그 길이 좋지 않았다. 심지어 경사진 개천도 건넜다.

우여곡절 끝에 발을 씻기는 했으나 돌아가는 길이 더 힘들고 어려웠다. 엉금엉금 기어서 개천을 건널 때 저만큼에서 버스 문이 닫히며 출발하는 모습이 보였다. 손을 들고 소리쳤으나, 시간이 촉박한 듯 잠시 멈칫하더니 그냥 떠나고 말았다.

버스가 떠난 후 그 자리에 돌아갔으나 갈 길이 막막했다. 그때 다른 차들과 사람들이 밀려왔다. 그들을 비집고 건물 안으로 들어갔다. 이번에는 손이 더러워 씻기 위해서였다. 건물

입구 기념품 가게에 여직원이 있었다.

"그래, 손을 씻고 와서 저 여직원에게 택시를 불러달라고 하자."

그때 문득 생각이 났다.

'그래, 맞아! 내가 좀 더 인내하지 못한 탓이야. 그래서 그 기사의 말을 듣지 않았어. 순종은 믿음의 열매요, 인내는 믿음의 꽃이라고 했잖아. 결국은 그럴만한 믿음이 없어 이런 사단이 난 거야.' (2022. 5. 15)

## 과속

차를 몰고 다리 건너 회전하다가 난간을 살짝 벗어나 강으로 추락했다. 뒤에 타고 있던 자매에게 소리쳤다.

"차가 떨어진다! 정신을 바짝 차리고 숨을 크게 쉬어라!"

그때 다리는 높고, 물은 깊었다. 사람 열 길은 넘어 보였다. 자매가 먼저 물속으로 쑥 내려갔다. 나는 나리 아래 기둥을 활처럼 휘어 원을 그리며 서서히 떨어지고 있었다. 자매를 건질 시간이 촉박하여 탄식 소리가 절로 나왔다.

"주여!"

그리고 다리 기둥을 한 바퀴 빙 돌아 자매가 떨어진 자리에 나도 떨어졌다. 곧장 물속으로 내려가려 했으나 내 몸이 가벼워 입수가 쉽지 않았다. 잠수부의 쇳덩이 밴드가 생각났다.

"이런 젠장!"

몇 번을 시도한 끝에 겨우 물속으로 내려갔다. 저만큼 아래 강바닥에 자매의 옷이 보였으나 사람은 보이지 않았다. 이상하게 생각되었지만 더 이상 지체할 시간이 없었다. 얼른 내려가 그 옷을 잡고 물 위로 올라왔다. 다행히 거기 작은 섬 같은 갓바위가 있었다. 그 위에 올라가 일단 한숨을 돌렸다. (2022. 5. 25)

## 돈봉투

비몽사몽간 누워 있을 때 어떤 사람이 돈봉투 하나를 주고 갔다. 정신을 차리고 일어나 보니 그는 이미 자리를 떠나고 없었다. 신권으로 30만 원이 들어 있었다. 누가 준 돈인지 옆 사람에게 물어보니 그는 평소 본 적이 없는 목회자였다.

그가 저만큼 아래쪽에서 몇 사람과 담소하고 있었다. 흰색에 가까운 옅은 회색 양복을 입었다. 그에게 가서 인사라도 하려고 소지품을 챙기려고 보니, 사람들이 그 위에 자리를 잡고 앉아 있었다. 그들에게 양해를 구하고 내 짐을 다 챙겼으나 그 돈봉투만은 보이지 않았다. (2022. 5. 26)

# 성령의 불

우리 독서 모임의 6월 호스트가 〈너 뭐 하다 왔니?〉의 저자 이은상 선교사의 동영상을 밴드에 올려놓았다. 그가 손을 들고 흔들며 열정적으로 간증하는 장면이 보였다. 그때 손을 보니 양쪽 손가락에 불이 붙은 듯 빨갛게 물들어 있었다. 무슨 조명에 의해 그리 비친 것이 아닐까 싶었는데 그것이 아닌 듯했다. 얼굴과 팔 등에는 그 빛이 없었으나 양손, 특히 손가락 부분만 빨갛게 불타고 있었다. 깜짝 놀라 나도 손을 들고 기도했다.

"오, 주여! 주님을 찬양합니다. 주님 홀로 영광을 받으소서!"

그때 내 양쪽 손가락도 그와 똑같이 불이 붙은 듯 빨갛게 물들어 있었다. 깜짝 놀라 소리쳤다.

"오, 주여! 제 손가락에도 성령의 불을 주셨나요?"

그대 오래전 한 목사님이 한 말이 생각났다.

'성령의 불을 받은 거야. 머리에 받은 것은 지혜를 의미하고, 가슴이나 손에 받는 사람도 있어.'

"오, 주여! 그렇다면 이마에 주신 그 불을 손에도 주셨다는 말입니까? 주님의 파레시아로 정의를 선포하게 하시고, 주님의 디닥시스로 성도를 가르치게 하시고, 주님의 케리그마로 말씀을 선포하게 하시고, 주님의 테라퓨오로 병자를 치유하게 하시고, 주님의 소테리아로 죄인을 구원하게 하소서. 저에게도 주님의 카리스마 은혜와 케리그마 권위를 허락하여 주소서. 저는 주님의 손에 들린 하나의 도구요, 연필이요, 악기일 뿐입니다. 주님의 선하신 뜻대로 사용하여 주소서. 아멘." (2022. 5. 27)

## 난관

오랜만에 복직하여 출입증을 왼쪽 가슴에 달았다. 동료들과 함께 의기양양하게 대화하며 사무실로 걸어갔다. 그런데 언덕을 오르다가 뜻하지 않은 난관을 만났다. 가로막힌 15층 철제 계단을 기어오를 수밖에 없었다. 14층에 도착하니 힘이 다 빠졌다. 15층 바닥에 난간이 가로막혀 그것까지 넘어갈 생각을 하니 정신이 아찔했다.

"아, 더 이상 도저히 올라가지 못하겠어."

그 순간 아래쪽으로 미끄러지며 13층까지 내려갔다. 뒤따라오는 친구들이 나를 쳐다보았다. 그때 15층 바닥에 앉아 나를 지켜보던 친구가 소리쳤다.

"조금만 더 힘을 내 봐!"

그의 격려에도 나의 팔은 점점 더 힘을 잃어갔다.

"힘들어, 도저히 안 되겠어. 게다가 저 난간까지."

그리고 위쪽을 쳐다보니 그 친구가 바닥에 세워진 난간 구조물을 잘라 개구멍을 만들고 있었다. 그래서 다시 용기를 내어 올라가 그 구멍으로 빠져나갔다. 그리고 그에게 말했다.

"오, 나의 구원자여!"

그러자 그가 크게 기뻐하며 뿌듯이 여겼다. 몇 발짝 걸어가다가 나를 도와준 그가 고마워 다시 말했다.

"마치 감옥에서 빠져나온 것 같아!"

그가 더 고무되어 사람들에게 소리쳤다.

"감옥에서 나온 것 같다네."

그 바로 옆에 아파트가 보였다. 옆 사람에게 물어보았다.

"엘리베이터가 어디에 있지?"

"여긴 없어. 몇 호야?"

"1717호"

그러고 보니 5층 아파트였고, 그곳에 17층 아파트는 없었다. 그가 말했다.

"일단 나를 따라와."

그리고 계단을 따라 올라가기 시작했다. 그 뒤를 따랐다. 처음부터 난간이 휘어지고 망가진 상태로 있었다. 게다가 청소까지 하지 않아 너무 지저분했다. 한참 오르다가 한쪽 구석에 먼지 쌓인 팻말이 보였다.

그것을 쭉 넘겨 가며 뒤적이고 살펴보았다. 15층, 16층 팻말 뒤에 1717호실 팻말이 보였다. 그 뒤에도 몇 개가 더 있었으나, 숫자는 잘 보이지 않았다. 자세히 모르긴 하여도, 옥탑방이나

물탱크 옆에 임시로 만든 가설 건물로 여겨졌다. (2022. 6. 5)

## 병아리(2)

  수컷이 머리를 쪼아 죽인 금계 암컷 배 속에서, 어머니가 알 두 개를 꺼냈다. 그것을 받아 부화기에 넣으면서 토종 달걀 스무 개도 함께 넣었다. 그리고 일주일이 지나 검란하니, 금계 알 두 개는 다 무정란이고, 토종 알 열다섯 개는 다 수정란이었다.
  얼마 전 수컷 두 마리만 남은 금계가 죽기 살기로 서로 싸워 갈라놓았다. 암컷도 없고 유정란도 없으니 금계 수컷을 어찌해야 좋을지 고민이 되었다. 그러다가 오늘 새벽에 범상치 않은 꿈을 꾸었다.

  토종 병아리 열다섯 마리가 부화하여 잘 자라고 있었다. 그때 어머니와 누이들이 과수원 일로 방문했다. 종이 상자 안에서 자라던 병아리들이 튀어나와 난리를 치고 돌아다녔다. 여기저기 흩어져 돌아다니는 병아리들을 붙잡아 도로 상자에 집어넣었다. 거의 큰 닭처럼 조숙한 수컷도 있었고, 아직 병아리 티를 벗지 못한 암컷도 있었다. 어머니가 상자를 유심히 살펴보더니 말했다.

"열네 마리만 보이네."

"아, 한 마리는 아래쪽 상자에 있어요."

그리고 어쩌다 보니 병아리들이 다시 튀어나와 난장판을 벌였다. 그들을 붙잡아 다시 상자에 넣었다. 상자가 닭장 안에 있기는 했으나 큰 닭들이 텃세를 부려 당분간 같이 두기 어려웠다. 그중에 한 수탉 병아리가 늘 말썽을 더 부렸다. 그 힘이 큰 닭에 가까웠다. 그래서 결국은 참지 못하고 그놈을 잡아 큰 닭들에게 던지며 소리쳤다.

"그래! 이놈아, 살든지 죽든지 어디 네 마음대로 해봐라!"

그리고 돌아보니 이게 웬일인가? 병아리 절반이 물에 빠져 익사했고, 그나마 상자에 남아 있던 병아리도 절반이 서로 밟고 밟혀 압사했다.

'오, 주여! 이 성질, 이 못된 애물단지를!'

지난 한 달 동안 복숭아 열매솎기를 마치고, 오늘부터 새벽 예배에 참석하겠다고 약속한 집사님이 결국 나오지 않았다. 일천번세를 시원힌 그 믿음이 이제 느슨해신 것으로 보였다.

"오, 주여! 주님의 긍휼하심만이 종이 살고, 우리 교인이 살고, 우리 교회가 사는 길입니다. 불쌍히 여겨 주소서."

(2022. 6. 8)

## 난맥상

오래된 하이브리드 자동차, 각그랜저를 타고 한 많은 미아리고개를 넘어가고 있었다. 멈칫멈칫하다가 결국은 시동이 또 꺼졌다. 엘피지 가스통에 휘발유가 들어간 것이 아닌지 의심스러웠다. 그래서 연료통을 뜯어 들고 아래쪽으로 쭉 내려갔다. 거기 정비소 두 곳이 있었다.

첫째 정비소가 복잡하여 둘째 정비소로 갔다. 두 명의 정비공이 양쪽에서 수리하고 있었다. 요즘 내가 하는 일들이 계속 꼬이고 뒤틀려 불안했다. 지난 며칠간 연이어 난맥상을 보였기 때문이다. (2022. 6. 9)


## 아들

아흔아홉 구비 가파른 재를 넘어가고 있었다. 아들이 어떤 사람과 대화하며 앞서 걸어가고, 나는 그 뒤에서 조금 떨어져 따라갔다. 아들과 나는 같은 음식을 먹었으나, 아들은 속이 안 좋은 듯 그 음식을 토하기 시작했다. 교복 가슴이 더러워졌다. 점점 힘이 빠지는 듯 비틀거렸다. 그때 들고 가던 쟁반과 컵을 길가에 내려놓았다.

급기야 아들이 길가에 드러누울 자리를 찾았다. 약간 언덕진 곳에 앉더니 불편한 듯 엉덩이 걸음으로 조금 더 내려가 자리를 잡았다. 그리고 잠시 주변을 살펴보더니, 다시 한번 엉덩이를 앞으로 끌어당기며 소리쳤다.

"아빠, 눈 떠!"

아비인 나까지 길에서 쓰러지면 둘 다 죽을 수밖에 없다는 뜻으로 다가왔다. 그래서 내가 큰소리로 대답했다.

"걱정하지 마라! 아빠가 있다!"

그리고 핸드폰을 꺼내 들었다. 112로 전화를 걸려다가 이쪽저쪽 읍내까지 거리가 다 멀고, 그 길까지 험하여 119에 신고하려고 했다. 그때 주변을 둘러보니, 함께 걸어가던 사람들이 감쪽같이 사라지고 없었다. 그 순간 낌새가 좋지 않아 자리에서 벌떡 일어나 기도했다.

"오, 주여! 주님의 긍휼하심만이 아들도 살고, 아비도 살고, 우리가 모두 사는 길입니다. 살펴주십시오. 도와주십시오. 이끌어 주십시오."

그리고 시계를 보니 자정이 가까웠다. (2022. 6. 11)

## 큰불

큰 아궁이에 불을 때고 있었다. 처음에는 적당히 탔으나 나중에는 용광로같이 큰불이 일어났다. 주변의 돌과 흙으로 된 아궁이는 물론이고, 집까지 깡그리 태워버릴까 심히 두려웠다. 나는 서까래 같은 부지깽이로 멀찍이 떨어져 불길을 조절하고 있었다.

얼마 후 그 불의 기세가 너무 강해 통제하기가 불가능했다. 서둘러 부지깽이에 붙은 불부터 끄려고 재에 묻어 문질렀다. 쉽게 꺼지기는 했으나 연기가 부옇게 피어올랐다. 언제 다시 불씨가 살아날지 몰라 수돗가 고무통 물속에 담그려고 했다. 순간 수증기 폭발로 큰 사고가 일어날지 몰라 멈칫거렸다.

이것이 무엇을 의미하는지 몰라 답답했다. 요즘 가뭄이 계속되어 과수나무와 농작물의 피해가 걱정되었다. (2022. 6. 14)

## 세미나

무슨 세미나에 참석하기 위해 3층으로 올라가고 있었다. 2층과 3층 사이에 직각으로 꺾인 계단에서 한 청년이 식권을 보여 달라고 했다. 식권이 없다고 하자 1층에 가서 신분을 확인한 후 받아오라고 했다. 기분이 좀 언짢았으나 별도리가 없었다.

이런저런 일들로 인해 이미 지친 몸을 이끌고 다시 아래쪽 계단을 밟았다. 그때 나에게 장애가 있다는 사실을 알고, 그가 식권과 자료를 주며 말했다.

"이걸 가지고 그냥 올라가세요."

자세히 모르긴 해도, 누가 먼저 왔다가 무슨 일이 생겨 그것을 반납하고 돌아간 것으로 짐작되었다. 그래서 그 식권을 받아 다시 3층으로 올라갔다. 세미나 자료는 이미 가지고 있었다. 그때 내 앞에 서너 명이 줄을 서 있다가 다시 아래쪽으로 급히 내려가는 모습이 보였다. 아주 가파른 수직 계단이었다.

나는 조심스럽게 한참을 더 내려갔다. 완만한 경사지에 긴 나무 의자가 가지런히 놓여있었다. 그 난간을 잡고 미끄럼 타듯이 쭉 내려가자 1층 맨 앞 좌석에 닿았다. 홀이 1층에서 3층까지 통으로 연결되어 있었다. 3층에서 1층으로 다시 내려간 것이다. 다행히 군데군데 빈 의자가 남아 있었다. (2022. 6. 17)

## 교육

무슨 교육을 받기 위해 어디를 가고 있었다. 목이 말라 물을 찾았으나 오랜 가뭄으로 어디에도 마실 것이 없었다. 그때 어떤 사람의 소개로 샘터를 찾아갔다. 큰 고무통에 받아놓은 물을 한 바가지 퍼 줘서 마시며 보니, 흙탕물에 불순물이 많이 섞여 있었다. 목만 축이고 다시 돌려주었다.

그리고 그곳을 떠나 다시 길을 나섰다. 교육장에 도착하니 1교시가 끝나 사람들이 나오고 있었다. '아름다운 보배'라는 여자 장로가 활짝 웃으며 나를 반갑게 맞아 주었다. 무료하게 2교시를 기다렸으나 무슨 사정으로 지체되었다. 20분가량 지나 교육이 시작된다는 통보를 받고 자리에서 일어났다.

교육장 입구에서 교육 자료가 필요하다는 사실을 알았다. 다시 돌아가 자료를 챙겨 건물 안으로 들어갔다. 2교시도 10분쯤 지각하여 미안한 마음이 들었다. 여기저기 빈자리가 있었다. 친절한 여자 간사가 자기 옆자리를 권하여 같은 의자지만 멀찍이 떨어져 앉았다. 그 옆에 있던 다른 간사가 말했다.

"이제부터 본 강의가 시작되니 딱 맞춰 오셨어요."

다운된 마음이 조금 살아났다. 여기저기서 나에 관해 묻기도 하고 답하기도 했다. 강사도 강의를 멈추고 나에 관해 물었다. 내가 다소 인기가 있는 듯했다.

그때 마음씨 착한 후원자 자매가 내 옆자리에 와서 앉았다. 남편 없이 혼자 아이를 기르는 여자였다. 어떤 선교 단체에 결혼 예물까지 다 바쳐 이제는 아무것도 남지 않았다고 말한 바로 그 피아니스트였다. 아무튼 특유의 여자 향수 냄새가 나에게 풍겨 기분이 좀 이상했다. (2022. 6. 18)

## 악마의 가시

며칠 전에 과수원 방제 작업을 힘들게 마쳤다. 약 줄을 잡아당겼더니 연결 부위 모서리가 걸려 터졌다. 응급조치를 취했으나 압력을 이기지 못하고 또 터져버렸다. 네 번이나 연거푸 터지면서 농약을 뒤집어쓰기도 했다. 세 시간 반이면 마치는 작업을 다섯 시간 넘게 걸려 마쳤고, 나는 녹초가 되었다.

그리고 이틀쯤 지나 제초 작업도 했다. 가뭄이 워낙 심하여 사과나무에 물을 대며 일했더니 다섯 시간가량 걸렸다. 고추밭 골과 길가까지 작업을 다 마치고 외쳤다.

"오, 주여! 오늘도 이 종이 해냈습니다. 주의 평화가 엘림원과 함께하기를! 아멘."

그리고 하루를 푹 쉬었다. 그런데 저녁 6시경, 아! 그놈의 환상통! 악마의 가시가 또 찾아왔다. 저녁 먹을 때부터 더욱 심하여 속까지 매스꺼웠다. 미리 지어놓은 진통제를 한 봉지 먹고 자리에 누웠으나 증상이 심상치 않아 결국 응급실을 찾았다. 마약 성분이 조금 들어 있다는 진통제 주사를 맞고 돌아왔다. 약도 먹고 주사까지 맞았으니 이제 좀 진정될 줄 알았다.

하지만 자정이 지나 한 시가 되었으나, 잠을 못 이루게 만드는 전기 고문이 계속되었다. 진통제를 한 봉지 더 먹고 두유를 마셨더니 속이 울렁거리고 쓰리기 시작했다. 액체 위장약을 먹었다. 온몸이 진땀으로 끈적거리며 어질어질했다.

새벽 세 시 반쯤에 일어나 샤워하고 강단에 올라가 앉았으나 하늘이 빙글빙글 돌면서 토할 것 같았다. 액체 위장약을 한 봉지 더 빨아먹었다. 밤을 꼬박 새웠더니 속까지 매슥거려 미칠 지경이었다.

아, 그러고 보니 자매에게 그다지 모질게 대하고, 그 얼굴조차 외면한 지가 얼마나 되었던가? 그 죗값을 받고 있는지도 모른다는 생각이 들었다. 아, 이 빌어먹을!

통증이 너무 심하니, 이렇듯 온갖 잡동사니 오만가지 생각이 다 떠올랐다. 그야말로 뭐든지 해결의 실마리만 보이면 지푸라기라도 잡을 심정이었다.

"오, 주 예수여! 이제 제 연수가 얼마나 남았는지 모르지만, 그동안 정말 모질게 살아왔습니다. 이제 가정을 회복할 때가 되지 않았나 싶습니다. 건강, 물질, 가정, 교회, 사역의 5대 회복을 위해 얼마나 오랫동안 기도했던가요? 하지만 저는 여전히, 주님도 잘 아시다시피, 늘 주님의 계시를 외면하고 무관심했습니다. 주님의 긍휼하심만이 종이 살고, 종의 가정이 살고, 주님의 교회가 살길임을 잘 압니다. 이 부덕하고 못난 종을 이제 정말 불쌍히 여겨 주소서. 아멘."

## 십일조(1)

헌금 없는 예배, 사례 없는 사역, 권세 없는 교회를 지향하며 16년째 초대교회 정신을 이어가고 있지만, 나는 나름대로 십의 이조에서 십의 십조까지 정성껏 사심 없이 헌금을 드렸다. 그런데 교인이 적다 보니 회계를 보는 사람도 없고, 내가 헌금하여 내 빚을 갚는 데 사용하니 회의에 빠지곤 했다. 그래서 가끔 소홀한 적도 있었다.

그러다가 오늘 밤, 그 십일조로 또 어려운 시험을 받았다. 헌금이든 뭐든 그 돈이라는 자체가 나에게 부담이 되었다. 어쩌면 그것이 고통의 원료인지 모르겠다. 돈 없는 나라가 있다면 그곳이 바로 천국이 아니겠는가!

어느 구렁 진 바닥에서 예배드렸다. 예배를 마치고 나면 꼭 뭔가 찜찜했다. 그래서 지상으로 올라가 보니, 아닌 게 아니라 거기 돔(dome) 지붕이 있었고, 그 지붕 위에 그물이 쳐져 있었으며, 그 그물에 십일조 헌금의 열매가 어정쩡한 상대로 달려 있었다.

"음, 그래서 그랬군."

마치 그물에 걸린 새처럼 이리저리 꼬이고 묶여 있는 십일조 헌금을 풀어주고 주변을 쭉 돌아보았다. 그런데 그 옆에도 다른 십일조 헌금이 그물에 탱탱 감겨 있었다. 그래서 그것도 풀어 놓아주었다.

그리고 살펴보니 저만큼 뒤쪽에서도 또 다른 십일조 헌금이 그물에 걸려 갑갑한 모습을 하고 있었다. 그래서 그것도 풀어주고 다시 사방을 둘러보았다. 이제까지 내가 예배드린 곳은 웅덩이 같은 지하실이었고, 지상에서 허리춤쯤에 여기저기 그물이 반구형으로 쭉 덮혀 있었다.

"아, 내가 이제까지 저 구덩이 속에서 예배드렸군."

그러고 보니 목회자인 나뿐만 아니라 우리 교회를 포함하여 모든 교회가 참 답답하게 느껴졌다. 하지만 달리 어떻게 할 방도가 없었다. 다시 그곳으로 내려가 예배드렸다.

그런데 또 그 십일조 헌금에 대해 갑갑함이 밀려왔다. 구약시대 말라기를 앞세워 십일조 헌금을 하라고 하려니 욕심이 앞서고, 초대교회 정신을 살려 그것을 하지 않아도 된다고 하려니 궁핍이 앞섰다.

그래서 다시 지상으로 올라가 보았다. 아닌 게 아니라 웅덩이 속의 세 모서리에 세 개의 십일조 헌금이 삼각형 형태로 그물에 발목이 묶여 도움의 손길을 기다리고 있었다.

"이건 뭐야? 또!"

약간 신경질적으로 소리치며 다가갔다. 그때 세미한 음성이 귓가에 들렸다.

"왜 짜증을 내는데?"

"글쎄, 이건 왜 또 이렇게?"

그때 오래전에 제정한 가훈이 생각났다.

"한때는 십의 삼조를 약속했지."

"그랬죠."

"십의 이조도 약속했고."

"그랬었죠."

"십의 일조까지 무시한 때도 있었고."

"그랬군요."

"하나님 앞에서 맹세한 소금 언약은 영원히 변치 않는다고…."

"그랬죠! 그런데 그것이 이것과 무슨?"

"그래, 헌금과 믿음의 함수는 아무 관련이 없지. 하지만 그 헌금에 따른 사랑의 척도는…."

"사랑의 척도요?"

"하나님과의 약속은 소중하고."

"아, 주 예수여! 그러고 보니 제가요…."

"어떤 사람은 Great(엄청난)이라 말하고, 어떤 이는 General(일반적)이라 말하며, 어떤 사는 Grace(은혜로운)라고 말하면서 Tithe(십일조)를 언급하지만…."

"무슨?"

"어떤 사람은 십의 삼조 이상으로 모든 것을 드리고, 어떤 이는 십의 이조로 체면치레하고, 어떤 자는 주님의 은혜에도 불구하고 십의 일조도 바치지 않는다는 것이지. 그러므로 헌금은 그 목적이 어디에 있든지, 각자 믿음대로 자원하여 기쁨으로 하되, 사랑과 정성이 더욱 소중하다는 것이지…"
"이제야 주님의 그 뜻을…"
"그래, 귀담아 잘 들어 보아라. 어느 날 주인이 종을 불러 천만 원을 주었으나 그 종은 이런저런 핑계로 백만 원도 나눠주지 못했다고 하자. 그런데 주인이 다시 그에게 1억 원을 준다고 한들 1천만 원만 자신이 쓰고 9천만 원을 나눠 줄 수가 있겠는가? 그래서 헌금은 액수가 아니라 사랑의 척도라는 말이야."
"아, 주님! 이제야 제가 알겠습니다. 바로 그 사랑의 척도를…". (2022. 6. 30)

## 장애

갈 길은 멀고 마음은 바빠서 서둘러 나섰으나 얼마쯤 가다가 보니 길이 막혀 있었다. 교차로를 약간 벗어나, 본 도로 길목에 토사가 쌓여 발길을 멈출 수밖에 없었다. 한 군데가 아니라 이중 삼중으로 수북이 쌓여 있었다. 누가 의도적으로 쌓아 놓은 것으로 보였지만, 어찌할 방도가 없었.

그 옆에 나와 같은 사정으로 이미 여러 사람이 모여 웅성거리고 있었다. 그중에 한 선배 목사님도 있었는데, 나와 같은 장애를 가지고 있었다. 그것을 어찌해 보려고 사모님이 두세 차례 왔다 갔다 하며 애쓰는 모습이 보였다. 그때 나도 그와 같은 장애를 가지고 있다는 사실을 깨닫고, 경험상 능수능란한 솜씨로 다리를 손보기 시작했다.

얼마 후 다시 떠날 수 있게 된 사실을 알고 길을 나섰다. 자전거를 타고 가거나 걸어서라도 우리가 갈 길은 가야 한다는 생각에 더 이상 머뭇거리지 않았다. (2022. 7. 15)

## 지체

읍내에 급한 볼일이 있어 자전거를 타고 길을 나섰다. 그때 한 지인이 봉고차를 타고 나타났다. 어디를 가느냐고 물었더니 읍내에 간다고 했다. 동승을 부탁하자 흔쾌히 승낙했다. 그래서 들고 있는 지갑과 성경을 학교 정문 옆에 두고 가려고 했다. 그때 불현듯 이런 생각이 떠올랐다.

"성경은 두고 지갑만 들고 가야지. 아니야, 성경도 같이 들고 가야 해."

그리고 그 차를 타려고 나아갔더니 바로 뒤에 봉고차 한 대가 더 있었고, 그 사실을 알게 되었다. 힐끗 쳐다보니 잘 아는 목사님이었고, 마침 그도 혼자 타고 있었다. 그래서 손짓으로 뒤차를 타고 갈 테니 앞서 먼저 가라고 했다. 그렇게 앞 차는 떠나고, 나는 뒤에 있는 차를 타게 되었다.

그때 그의 초등학생 아들이 나타나 그도 태워 주었다. 그리고 다시 출발하려는데 그 아들이 다급히 말했다.

"생각해 보니 할 일이 있는데요."

그래서 차를 세우고 내려주었더니 그가 다시 말했다.

"오후 한 시 반까지 여기 다시 올 수 있어요?"

"가능할 거야."

그러자 그가 다시 차에 올라탔다. 그렇게 해서 차가 좀 늦게 출발하게 되었다. 그런데 한 지인이 도로 맞은편에서 급히 다가오며 손짓으로 차를 세웠다. 목사님이 창문을 내리니 그가 말했다.

"마땅히 찾아뵙고 문상해야 하지만, 부득이 참석하지 못하게 되어 양해를 구한다고 전해주시오."

"잘 알았습니다."

그리고 다시 출발하려는데 또 한 사람이 도로를 가로질러 다가왔다. 약간의 지적 장애로 말이 좀 어눌한 내 고향 친구였다. 이번에는 내가 창문을 내려 인사했다.

"어이 친구, 오랜만이야."

그가 활짝 웃으며 다가와 반갑게 손을 내밀며 인사했다. 그런데 그가 계속 얘기하려고 해서 급한 볼일이 있다고 하면서 다음에 보자고 했다. 그가 아쉽다는 듯이 말했다.

"그러면, 다음에 봐!"

그러고 보니 앞차는 이미 멀리 사라지고 보이지 않았다. 그 차를 따라갈 생각은 아예 포기할 수밖에 없었다. (2022. 7. 16)

## 제2편

# 묘향산
### - 상처와 치료

## 구임다사

한 무능한 자가 무기력한 나날을 보내고 있었다. 뭔가 되는 일도 없고, 안 되는 일도 없이 그저 그렇게 분주하기만 했다. 그러다가 어떤 사람에 의해 한 임무가 주어졌다. 그가 이르기를 '구임다사'라고 했다.

생전 처음 들어 보는 말로 너무 궁금했다. 그런데 아무리 찾아봐도 그런 말이 없었다. 곰곰이 생각하다가 알람이 울려 자리에서 일어났다. 강단에 앉아 기도하다가 이런저런 생각이 떠올랐다.

"그래, '구임다사'라는 사자성어가 없으니 '구임'과 '다사'로 한번 나눠서 찾아보자."

그래서 찾은 '구임'이 求任(임무 구함), 救任(구원 임무), 久任(영구 임무), 舊任(옛날 임무) 등이고, '다사'는 多事(많은 일), 多謝(많은 감사), 多死(많은 죽음), 多思(많은 생각), 多사(많은 사랑) 등이었다. 하지만 그 단어를 사자성어로 꿰맞추고 싶지는 않았다.

이제까지 나는 이런저런 사건과 사고 등을 많이 당하고, 온갖 고난과 고통을 몸소 겪으며 정말 힘들게 여기까지 살아왔다. 하지만 그 와중에도 환난을 즐기며, 하나님의 더 큰 사랑을 받는 비결이 아닐까 하는 막연한 기대도 했었다. 하지만 그것이 아무나 받을 수 있는 평범한 십자가가 아니라는 사실을 알았다.

 '그래, 나는 자식 노릇도 못 하고 아비 노릇도 못 했어. 가장의 자격은 미달이고, 남편의 역할은 두말할 나위도 없었어. 가족과 아예 담쌓고 살았어. 그에 따른 책임과 의무를 다 잊고 살았어. 내가 뭐 공자 같은 위인이나 된다고 여자까지 무시했어. 그럼에도 여러 여자를 만났지. 하지만 나에게 맞는 여자는 하나도 없었어. 그 모두가 임기응변이고 임시방편이었어. 공직자? 목사? 청지기? 섬김이? 작가? 칼럼니스트? 과원 지기? 그리고 이제 와서 무슨 수도자? 은수자? 그 어느 것 하나도 당당하지 못했어. 그야말로 나는 아무것도 아니고, 아무짝에도 쓸모없는 잉여 인간이었어.'
'하지만 나는 단골 메뉴를 기도했지. 건강, 재정, 가정, 교회, 사역의 회복을 위해 구했지. 그리고 어미의 아들, 아이들의 아비, 형제자매의 장남, 교회의 목사, 공동체의 청지기, 작은 자의 섬김이, 〈예수 복음〉의 글쟁이, 과수원 농부, 은둔소 은수자로서 그 사명을 감당하기 위해 부르짖었지. 가족, 교인, 후원지, 일가친척, 기관, 단체, 교회, 동역자, 후원자, 사업체 등을 위해 중보기도도 했지. 아울러 오늘 당면 과제를 위해서도 호소했지.'

"오, 주 예수여! 이 부족한 종이 지난해 영덕 목회자 독서회 회장에 이어서 올해도 영덕 북부 지역 교회연합회 회장이 되었습니다. 물론 종이 원해서가 아니라, 순서에 따라 떠밀려 하게 되었습니다. 그래서 오늘 저녁, 목회자 기도회가 우리 교회에서 있습니다. 예배와 기도를 잘 인도하게 하시고, 저녁 만찬에 이어서 회의도 은혜 가운데 잘 주관하게 하소서. 다과와 식사 등의 대접도 소홀하지 않도록 도와주소서. 이것으로 이 7월을 잘 마무리하게 하소서."

"그리고 오늘 과수원 방제 작업도 잘 감당하게 하소서. 탄저병이 휩쓸어 성한 고추는 없지만 희아리라도 좀 따게 하소서. 주께서 선히 여기시거든, 저에게 협력하는 일꾼을 보내주소서. 고군분투도 약간의 은혜가 있지만 이제 슬슬 꾀가 납니다. 일터가 놀이터가 되게 하소서. 이제 아침 먹고 약 먹고, 〈예스 시리즈〉 이야기만 잠시 쓰고, 칼럼 교정은 오후로 미루고, 과수원으로 나갈 예정입니다. 오늘도 임마누엘 하시고, 모든 일을 잘 수행하게 하소서."

"어제 장조카가 전화했습니다. 영덕에서 어떤 사람이 농약을 치다가 일사병으로 죽었다는 뉴스를 보고 가슴이 덜컹했다는 얘기였습니다. 사실 저도 하루하루가 살얼음판입니다. 주님의 긍휼하심만이 저의 살길입니다. 예수 그리스도의 이름으로 기도합니다. 성부와 성자와 성령의 이름으로 아멘."

이후 거룩한 성호를 긋고, 십자가 스위치를 끄고, 선풍기 버튼을 누르고, 자리에서 일어나 부엌으로 나갔다. 라면을 한 봉지 끓여 먹고, 방에 들어가 고혈압과 관절염 등의 기저질환 약들을 챙겨 먹고, 노트북을 켜며 전기스탠드 스위치를 눌렀다. 이것이 매일 아침 반복하는 나의 일과다. (2022. 7. 19)

## 지각

오늘은 경보 경기가 있었다. 누이들과 이런저런 일을 하다가 제시간에 맞춰 출발하지 못했다. 그때 손위 누이가 손아래 누이의 빨간 승용차를 시험 삼아 운전하다가 골목길 아래로 미끄러졌다.

차가 한참 헛바퀴를 돌리다가 힘들게 다시 길 위로 올라섰지만, 가속으로 속도를 줄이지 못하고 도로 옆에 있는 우리에게 미끄러졌다. 그 아래쪽에는 어린아이가 있고, 그 옆에는 손아래 누이가 있었다. 내가 한껏 소리를 질렀다.

"피해!"

그 순간 차가 뿌연 먼지를 일으키며 아이가 서 있는 자리에 처박혔다. 아이가 먼지와 함께 위로 높이 솟아 올랐다가 지붕 위에 사뿐히 내려앉는 모습이 보였다. 손위 누이가 차에서 나와 그 아이를 안고 우리에게 다가왔다. 그때 무슨 일이라도 있었느냐는 듯 손아래 누이가 말했다.

"내 차로 경보 선수들이 가고 있는 곳까지 태워다 주겠어요."

그런 일이 지극히 정상인 양 하나같이 행동하는 모습에 나는 다소 의아했지만, 이제 나도 예전 같지 않다는 생각이 들었다. 그사이 다른 경보 선수들은 이미 시야에서 사라지고 보이지 않았다. 얼마나 멀리 갔는지 짐작도 가지 않았다. (2022. 7. 22)

## 포기

'만사 좋아'와 오랫동안 희희낙락하며 잘 지냈으나 무슨 사소한 일로 섭섭한 감정이 들어가 말했다.

"너, 정말 그럴 수가 있어?"

"내가 뭘? 이 자식이 정말!"

그와 더 이상 예전같이 지낼 수 없다는 생각이 들었다. 이번에 헤어지면 다시 만날 기회도 없을 듯해서 화해하려고 그의 발을 붙잡고 말했다.

"이보게, 친구! 미안하네. 그동안 정말 고마웠어. 잘 가."

그러자 그도 돌아서 쓰러져 있는 나를 일으켜 세우며 위로하고 떠났다. 그제야 나는 안심이 되어 반듯이 드러누워 눈을 감고 생각했다.

"그래, 우리의 삶과 죽음이 한 몸이지. 손과 손바닥, 동전의 앞과 뒤, 그리고 새의 양쪽 날개와 같아. 이제 그 모든 비밀을 깨달았으니, 내가 살면 너도 살고 네가 죽으면 나도 죽는 거야."

이렇게 마음을 편히 하고 들판에 누워 뙤약볕을 쬐었다. 그때 몇 사람이 다가왔고, 들것을 준비하라는 소리가 들렸다. 하지만 나는 여전히 마음을 편히 먹고 가만히 누워 있었다. 희미하지만 의식이 살아 있어 완전히 죽을 것 같지는 않았다. 좀 더 푹 쉬고 나면 기분이 한층 좋아질 것으로 여겨졌다.

(2022. 7. 23)

## 최 선진

눈에 익숙한 버스 종점에서 차가 후진하다가 옆집 담벼락을 들이박고, 그 위로 다시 기어오르는 모습이 보였다.

"저런! 저 차가?"

기사를 보니 다소 나이가 든 노인이었다. 손짓으로 더 이상 안 된다고 사인을 보냈으나 다시 후진을 시작했다. 결국은 옆집의 낡은 담을 모두 무너뜨리고, 이번에는 우리 집 펜스까지 밀고 들어왔다.

"저런! 저 자가?"

내가 소리를 지르니 그가 차를 세우고, 다시 나와 잠시 둘러보고 한마디 했다.

"별거 아니야!"

그리고 차에 올라 다시 후진하기 시작했다. 당장 멈추라고 소리쳤으나 멈칫멈칫하며 계속 그렇게 큰길로 나갔다. 핸드폰으로 사진을 찍으려고 하다가 여의치가 않아 차 번호 넉 자만 기억했다. 그리고 그를 보니 민머리에 몸이 호리호리했다.

그때 그와 같은 유니폼을 입은 사람이 다가와 말했다.

"우선 회사에 연락하세요."

"당신도 그 회사 기사요?"

"예."

"그러면 저 사람도 아세요?"

"예."

"그의 이름이 뭐요?"

그가 잠시 어물쩍하다가 대답했다.

"최 선진"

"기사는 '최 선진'이고, 회사는 '한일'이 맞아요?"

"예."

그가 작은 가방을 들고 있어 교대를 위해 나온 것으로 보였다. 그래서 그와 함께 우리 집의 피해 상황을 둘러보았다. 다행히 그 앞에 있던 물고기와 거북이는 안으로 옮겨져 생명에는 지장이 없었으나 그 울타리가 무너져 있었다. 물고기와 달리 수족관 밖에서 풀을 뜯어 먹고 놀던 거북이와 병아리는 도망치거나 다른 짐승에 의해 잡아먹힐 수도 있었다.

"저것 봐요. 울타리가 아에 떨어져 나갔잖아요?"

그리고 밖으로 나올 때 그 안쪽에 있던 자매가 소리쳤다.

"이번에는 제대로 변상시키세요!"

그러자 그가 다시 말했다.

"우선 회사에 연락하세요. 한 2억 얘기해서 1억 5천 정도 받으면 안 될까요?"

그가 생각보다 많은 금액을 제시하여 좀 의아했다. (2022. 8. 3)

## 실적 비

오랜만에 가족을 만났더니 아들이 울상을 지으며 어미에게 말했다.

"학교에서 실적 비를 안 낸다고 막 뭐라고 해요!"

그 어미가 귀찮다는 듯이 말했다.

"저런, 저 또!"

그리고 나를 보더니 말했다.

"이번에는 좀 내 주세요!"

그러고 보니 아이들에게 공납금은 물론이고 용돈조차 준 기억이 없었다. 그동안 여유도 없었지만, 그에 대해 관심도 두지 않았다. 하지만 지금은, 여전히 빚이 남아 있기는 하지만 다소 여유가 생긴바, 그 실적 비가 뭔지는 알 수 없어도, 이번에는 내가 그 돈을 내어주기로 마음을 먹었다.

　1979년부터 40년 넘게 빚더미를 안고 살아온 나도 억울한데, 아이들까지 빚쟁이로 살게 하기는 정말 싫었다. (2022. 8. 10)

## 빚쟁이

　아이나 어른이나 할 것 없이 여자 쪽 식구들이 떼로 몰려와 빚을 갚으라고 다그쳤다. 다행히 그 빚을 갚을 돈이 내게 생긴 듯했다. 그런데 그 빚이 너무 복잡하여 이자를 계산하기 힘들었다. 그때 한 사람이 다가와 말했다.

　"우선 이 아이들에게 용돈이라도 한 만 원씩 주세요!"

　아이들이 주변에서 너무 떠들어 달래 주라는 의미로 들렸지만, 가뜩이나 돈 문제로 복잡하여 정신을 못 차리는 중에 이건 아니다 싶어 소리쳤다.

　"내가 왜 이 아이들에게 용돈까지 줘야 하는데?"

　그러자 그가 얼굴을 찡그리며 옆으로 물러갔다. 그 형제들이 못마땅해하는 눈치였다. 그때 우리와 관계없는 한 청년이 다가왔다. 그에게 그 계산을 맡겼다.

　"이것 좀 계산해 주게."

　"아, 예!"

처음에는 금방 계산할 줄 알았으나 그도 애를 먹으며 지체하고 있었다. 그때 어떤 사람이 말했다.

"우선 수고비를 줘야지. 수고비도 안 주고 그런 일을 시키면 되나?"

해도 해도 정말 너무한다는 생각이 들어 다시 말했다.

"아니, 빚진 것이 뭐 죄입니까? 당신들이 원금과 이자를 계산해서 청구하세요. 합당하면 지급할 테니!"

그러자 그들 가운데 대표자 격인 남자가 다가와 말했다. 그는 평소 점잖은 사람이었다.

"그 자리에서 무릎을 꿇어!"

그의 카리스마 권위에 기가 팍 죽었다. 다리가 불편해서 무릎을 꿇지 못한다고 사정할까 하다가, 여기서 밀리면 끝장이라는 생각이 들어 강하게 반발했더니 그가 멈칫했다. 한시라도 빨리 빚을 갚고 싶었으나 이런저런 난맥상이 계속 이어져 너무 답답했다. (2022. 8. 11)

## 졸업반

언제 학교에 다닌 적이 있었나 싶을 정도로 까마득했으나, 그래도 내 교실을 찾아 긴 복도를 걸어갔다. 그동안 어떻게 살아왔는지 나도 잘 모르지만, 비렁뱅이 모습에 나는 만신창이 그 자체였다. 지팡이를 짚고 윗도리는 벗은 상태였다.

그렇게 나는 큰 본관을 지나 작은 별관으로 건너갔다. 마지막 교실 뒷문을 통해 안으로 들어가 보았다. 내 자리가 어딘지 기억나질 않아 두리번거렸다. 책걸상 대신에 둥근 테이블이 쭉 놓여있었다.

그때 나는 어릴 때 다른 아이들보다 다소 키가 컸다는 사실이 기억났다. 그래서 뒤쪽으로 쭉 걸어갔다. 아닌 게 아니라 두 번째 줄 마지막 테이블에 빈 의자가 하나 있었고, 거기 내 이름이 붙어 있었다. 그 자리에 앉자 나와 옆 친구 사이에 다른 친구가 하나 와서 끼어 앉았다. 그래서 우리 테이블에는 네 명이 되었다.

수업을 시작할 시간이 되었다. 모두 차렷 자세를 취했다. 맨 앞쪽 좌측 모서리에 담임 선생님이 앉아 있다가 나를 바라보며 뭔가 한마디 했다. 그러고 보니 나만 윗도리를 입지 않고 있었다. 그때 다행히 내 손에 연한 하늘색 남방이 들려 있었다. 속옷이 없어서 그냥 알몸에 걸쳤다. 옷이 작아 겨우 팔만 끼웠다. 마지막 단추를 끼우자 가까스로 배꼽이 가려졌.

그렇게 소 난 장에 말 난 것 같은 분위기가 사라져 안심이 되었다. 그 모습을 보고 선생님이 자세를 고쳐 잡고 바로 앉았다. 가장 오래된 기억이지만 참으로 인자한 분이었다. 선생님은 그 자리에 그대로 앉아 있고, 반장이 강단에 올라가 회의를 주관했다. 졸업을 앞두고 문제 학생을 어떻게 처리할지 먼저 학생회가 자치적으로 결정하는 듯이 보였다.

 그때 기억이 났다. 나는 2학년 때 학교를 떠나 세상을 방황하다가 6학년 졸업반이 되어서야 비로소 학교에 돌아왔다는 사실을! 세월이 너무 야속하게 지나갔다는 생각이 들었다. 반장이 먼저 윤 모 아이의 이름을 부르더니 졸업이 불가하며 퇴학이 정당하다고 선언했다.

 그리고 반장이 내 이름을 불렀다. 내 옆에 앉은 친구가 그동안 불가피한 사정이 있었다고 나를 변호했다. 그때 앞쪽의 여학생들이 반대하며 웅성거렸다. 그 친구가 그들에게 다가가 이런저런 말로 사정을 얘기하며 설득했다. 그러자 반대하는 목소리가 차츰 가라앉기 시작했다. 선생님은 여전히 그 자리에 앉아 지켜보기만 했다.

 "아, 그러고 보니 내 나이가 어느새 2학년 초반에서 6학년 후반이 되었어!" (2022. 8. 16)

## 병아리(3)

 좁은 닭장 안에서 닭들이 서로 버둥거리다가 달걀 두 개가 밖으로 튕겨 나왔다. 급히 받아서 살펴보니 이게 웬일인가? 그 속에서 새까만 병아리가 껍질을 까고 있었다. 오골계 같았으나 볼품없이 매우 작았다. 하지만 어쩌겠는가? 보일러실에 부화기가 있다는 사실을 알고 자신 있게 중얼거렸다.

'그래도 내가 잘 키울 거야! 암, 그래야지. 하나님이 주신 생명인데.' (2022. 8. 21)

## 십일조(2)

새벽녘에 불현듯 십일조 헌금에 대한 기억이 떠올라 자리에서 벌떡 일어나 소리쳤다.

"그래, 온전한 십일조!"

그리고 기도 중에 곰곰이 생각했다.

"온전한 십일조? 그동안 얼마나 반복하고 번복했던가? 십일조만이 아니라 십의 이조, 십의 삼조, 십의 십조까지. 하지만 지금도 여전히 온전치 않아. 그래, 다시 초심으로 돌아가자. 그리고 이번에는 정말 온전하고 완전한 십일조를 드리자. 완전한 십일조? 그래, 23.5%를 거룩하게 구별해 드리자. 10%는 주님의 교회를 위해, 10%는 나의 행사비로 충당하고, 3.5%는 어려운 이웃을 위해 구제비로 쓰자."

"아, 그러고 보니 23.5도는 지구의 기울기, 23.5세는 인생의 황금기, 결혼 적령기라고 누가 말했지. 23.5%는 구약의 율법이지만, 그 안에 깃든 하나님의 사랑이기도 하지. 늦었지만 이제부터라도 온전한 십일조, 완전한 헌금을 이웃 사랑으로 승화시켜 드리자. 그러면 하나님께서 나를 긍휼히 여기시고, 우리 교회에 정말 알곡 신자 10명을 보내주실지도 모르지. 나부터 솔선수범해야지."

하지만 이것도 나의 생각이고, 어쩌면 또 다른 율법일 수 있었다. 이후 나는 십의 삼조, 즉 30%를 헌금하다가, 이제는 십의 십조, 그러니까 수입의 100%를 온전히 드려야 완전한 십일조라는 생각이 든다. 사실 은수자에게 무슨 돈이 필요하겠는가? 나 자신이 스스로 십일조가 되어 통째로 드려질 일을!
(2022. 8. 24)

## 가마솥

아무 생각 없이 가마솥 앞에 앉아 불을 때고 있었다. 한참 불을 지피다가 정신을 차리고 솥뚜껑을 열어 보았다. 그런데 이게 웬일인가? 텅 빈 솥이었다. 오래전에 닭백숙을 끓여 먹은 듯이 보이는 흔직민 남아 있었다.

솥 바닥이 벌겋게 달아 상당히 위험해 보였다. 옆에 있는 작은 솥뚜껑도 열어 보니 역시 빈 솥이었다. 얼른 물을 퍼서 그 솥에다 붓고 깨끗이 씻었다. 그리고 새 물을 붓고 무엇인가 끓일 준비를 했다. (2022. 8. 25)

## 오해

방제 작업을 하려고 장화를 꺼내 신고 과수원으로 나갔다. '노련한 아들'이 나와 같이 있었다. 그때 기초단체장이 어떤 사람의 인도를 받으며 도랑을 건너는 모습이 보였다. 무슨 일이 있는가 싶어 우리도 그를 뒤따랐다.

일행이 도랑을 가운데 두고 산기슭 언덕길을 따라 계속 올라갔다. 얼마 가다가 보니 논둑길은 좌측으로, 언덕길은 우측으로 이어졌다. 우리는 다시 도랑을 건너려고 발을 옮겨 놓았다. 그때 진창에 장화가 쑥 빠졌다.

"여기, 손 좀 잡아줘!"

'노련한 아들'이 손을 내밀어 주었다. 그 손을 잡고 가까스로 진창에서 벗어나 언덕길로 다시 올라섰다. 그리고 일행과 함께 좀 더 걸어갔다. 그런데 방제할 밭이 아니라 어떤 2층 건물이었다. 우선 요기부터 하고 작업을 한다고 했다. 나무 계단을 타고 위로 쭉 올라가니 2층 식당이 나왔다. 홀이 꽤 넓었다. 먼저 화장실에 가려고 홀을 한 바퀴 돌았으나 보이지 않았다.

그런데 식당 뒤쪽 테이블에 애들 외할머니와 그 일행이 앉아 있었다. 그 옆에 '노련한 아들'이 자리를 잡은 것을 보고 나는 다시 홀을 돌아 맞은편으로 갔다. 거기 우리 가족이 있었기 때문이다. 그때 '노련한 아들'이 와서 말했다.

"노인네 잔소리가 싫어."

"응? 그러면 여기 앉아."

그리고 내 자리를 그에게 양보했다. 그때 애들 외할머니가 뒤따라와 말했다.

"노인네가 싫어서 이리 온 게야?"

그리고 주머니에서 만 원짜리 세 장을 꺼내 그에게 주었다.

"여기 한나절 품삯일세."

"무슨 품삯을요? 제가 잠시 도와주려고 했을 뿐인데."

그때 나는 화장실을 찾아 다시 옆으로 걸어갔고, 애들 외할머니는 테이블에 3만 원을 두고 돌아갔다. 그 건물은 정방형으로 중앙에 큰 홀이 있었다. 나는 화장실을 찾아 자리에 앉지 않고 계속 돌아다녔으나 애들 외할머니는 내가 그들을 피해 다니는 줄로 생각하는 듯했다.

"아니, 이 큰 건물에 화장실이 하나도 없을 리가 만무한데?"

그리고 건물 마지막 구석을 돌다가 후문 출입구 옆으로 쭉 들어가 화장실이 있음을 알게 되었다. (2022. 8. 26)

## 연기

'찬양의 아들'이 나와 같이 무슨 일을 하다가 마무리 단계에 접어들어 말했다.

"이제 잔치를 해야지."

그 말에 나는 한층 고무되었다. 그런데 조금 지나서 그가 다시 말했다.

"코로나로 좀 미루는 게 낫겠어."

그것도 일리가 있다고 생각되었다. 그런데 얼마 있다가 그가 또다시 말했다.

"더 많은 사람이 참석하도록 한 번 더 미루는 것이 좋겠어."

그래서 시간을 두고 날짜를 잡기로 했다. 그때 9월과 10월, 11월이 생각났으나 그것이 무엇을 의미하는지는 몰랐다.

(2022. 8. 27)

## 고무신

'찬양의 뿌리' 일행과 함께 식사를 마치고, 나는 좀 일찍 자리에서 일어났다. 아이러니하게도 그들은 예수를 믿지 않았다. 그런데 밖으로 나가 보니, 그들의 신발은 보이지 않고 내 고무신만 나뒹굴고 있었다. 그것도 자기 짝이 아니었다.

왼쪽 신발은 그런대로 맞았으나 오른쪽 신발은 작아서 발가락만 겨우 들어갔다. 흰 고무신으로 색깔만 같고 상표와 크기와 모양이 다 달랐다. 어떤 사람이 바꿔 신은 것으로 보였으나 어찌할 방법이 없었다. 그렇게 어색한 신발을 신고 아래쪽으로 내려갔다.

그때 '거룩한 기운'이 자기 어머니를 모시고 와서 물었다. 그는 나의 불알친구였다.

"혹시 '찬양의 뿌리' 선배를 안 봤어?"

"응, 저 바로 위쪽 막국숫집에 있어."

그리고 언덕에 벗어놓은 신발을 보니, 그사이 내 발에 맞춰져 그런대로 신고 다닐 만했다. 그래서 다시 그 신발을 신고 그와 함께 좁은 비탈길을 따라 쭉 올라갔다. 주변에 어지러운 간판들이 즐비하게 걸려 있었다. 그런데 내 눈에는 그 막국숫집이 보이질 않았다. 그때 그가 말했다.

"여기, 막국숫집이 있네."

과연 그 옆에 간판이 세워져 있었고, 계단 서너 개 아래쪽에 들어가는 입구가 있었다. 앞쪽 건물을 지나 뒤쪽 건물에 들어가 보니, 그가 막 자리에서 일어나고 있었다. 내가 있던 자리에 그 식당 종사자들과 소외된 이웃들이 초대받아 있었다.

그때 '거룩한 기운'이 그 식당 입구에 서서 인사하는 '찬양의 뿌리' 선배에게 손을 내밀어 악수를 청했다.

"오랜만입니다. '거룩한 기운'입니다."

그러자 그도 그를 알아보고 반갑게 인사했다. (2022. 8. 29)

## 카오스

　체질상 맞지 않은 인사 청탁을 위해 본부장실을 찾았지만 여의치가 않았다. 그리고 화장실을 가려고 찾았으나 그 또한 여의치가 않아 남의 사무실에 들어갔다. 거기서 이런저런 대화를 나누다가 보니, 인사 청탁으로 채용된 사람들이 상당히 많다는 사실을 알았다.

　한참 줄을 서서 기다린 끝에 소변을 보고 사무실을 찾아가려고 했다. 그때 멀리 본관까지 올라온 김에 문서를 찾아가려고 계획과를 찾았으나 어디에 있는지 그것도 분명치가 않았다. 그래서 엉뚱한 곳을 헤매다가 한 직원에게 물어보니 그 반대편에 있었다. 그것도 우리가 소속한 국이 아니었다. 그때 한 친구가 말했다.

　"언제 적, 쌍팔년도 얘기를 하고 있어."

　그러고 보니 간판도 바뀌고, 시스템과 직제가 모두 바뀐 지 꽤 오래되었다. 그간 어디서 무엇을 하고 지냈는지 나도 아리송했다. 그렇게 물어물어 계획과를 찾아갔더니 우리 과 문서함이 잡동사니로 꽉 차 있었다. 여직원이 말했다.

　"아니, 이제껏 뭘 했어요?"

　"그러게, 전화라도 좀 해주지."

　그때 다른 여직원이 바퀴 달린 손수레를 끌고 왔다. 짐이 너무 많았기 때문이다. 걱정이 앞서 중얼거렸다.

"저걸 다 싣고 계단을 내려갈 수 있을까?"

그리고 그 짐들을 하나씩 꺼내 손수레에 싣기 시작했다. 어디에 쓰는 건지도 모르는 푸른 돌멩이며, 나무 장작, 그리고 안쪽에 마대도 몇 개 있었다.

"저건 또 뭐지?"

"사과에요."

그리고 자루를 열어 보여주는 것을 보니 붉은 사과가 가득 들어 있었다.

"누가 이 사과를?"

"홍천에서, 어떤 사람이."

"강원도 홍천?"

무슨 말인지 이해는 되지 않았으나 어떤 업체나 사업자가 선물한 것으로 보였다. 그런데 정작 행정 문서는 몇 장 되지 않았다. (2022. 8. 30)

## 고기잡이

해머를 어깨에 메고 가면서 보니 마을 사람 셋이 무슨 일을 하고 있었다. 나보다 열 살 많은 '영원 우정', 열 살 적은 '밝은 친구', 그리고 세 살 많은 '이익 도래'였다. 내가 그들에게 말했다.

"우리 고기 잡으러 갑시다."

"지금?"

"시간이 좀 그러니 점심 먹고요."

그리고 집에 가려고 했더니, 어느새 '이익 도래'가 반두를 들고 와서 말했다.

"고기 잡으러 가자."

"점심 먹고 가지요."

"점심은 뭘? 지금 가."

그리고 보니, 신작로를 따라 고기를 잡으며 쭉 올라가다가 그 옆 동네 구멍가게에서 라면이라도 끓여 먹으면 그런대로 재미가 쏠쏠할 듯했다. 그래서 그렇게 하기로 의견의 일치를 보았다.

그때 '이익 도래'가 반두를 바위 옆에 대고, 내가 해머로 그 바위를 치고, '영원 우정'이 지렛대로 그 바위를 흔들면, 그 바위 속의 고기가 반두로 다 들어갈 것이고, '밝은 친구'가 그 반두 속의 고기를 손으로 꺼내 주전자에 담으면, 그야말로 고기잡이 4인방의 4박자가 딱 맞을 듯했다. (2022. 8. 31)

## 목사 작가 농부

얼마 전에 한 문학협회 회장의 초대를 받고 그 밴드 회원이 되었더니, 자신의 신분과 직업을 분명히 하라고 하여 '목사 작가 농부'라고 적었다. 그런데 목사와 농부는 익숙하여 별 거리낌이 없었으나 작가라는 소개는 어딘가 어색하다는 느낌이 들었다. 그래서 잠시 머뭇거렸으나 모임의 특성상 그대로 두었더니 한편으론 뿌듯하다는 느낌이 들었다.

그리고 오늘 새벽, 성서 학당의 구미정 교수가 한 말이 자꾸 생각났다.

'일과 쉼과 놀이는 항상 있을 것인데 그중의 제일은 놀이라.'
"오, 주여! 사실 저에게는 일터와 쉼터와 놀이터가 따로 없습니다. 모두 하나입니다. 그리고 아비와 어미의 아들로서, 아들과 딸의 아비로서, 형제와 자매의 장남으로서, 한 가정의 가장으로서, 한 교회의 목사로서, 한 공동체의 청지기로서, 한 단체의 대표자로서, 〈예수 복음〉 저자로서, 과수원 농부로서, 은둔소 은수자로서, 저에게는 나름대로 10대 사역이 있습니다. 일과 쉼과 놀이, 그리고 이 사역의 관계를 어떻게 정립하면 좋을지 모르겠습니다."
그때 성령의 감동이 있었다.

'모든 일이 쉼이고 그 쉼이 놀이니, 이를 위한 사역이 곧 인생이 아닌가? 하지만 모든 것을 적당히 하고 편중이 없어야 하리니 과유불급이니라.'

"아멘, 주 예수여! 저의 믿음을 도와주소서." (2022. 9. 1)

## 세월

동생이 뒤뜰에서 급히 뛰어나왔다. 할머니가 뒤에서 소리쳤다.

"못 가게 붙잡아!"

내가 그 입구에 서 있다가 대답했다.

"붙잡는다고 그냥 있겠어!"

그 순간 동생은 비탈길을 내리 달려 큰길로 사라지고 말았다. 그리고 세월이 흘러 어느덧 40년이 지났다. 하지만 할머니는 여태껏 손자를 애타게 찾고 있었다.

"어디서 산다고 해야 무슨 핑계를 대고 찾아나 보지. 찾아나 보지. 찾아나 보지…"

그날 그때처럼 그 구슬픈 소리를 들으며 잠에서 깨어났다. 새벽 3시였다. 정말 세월이 야속하게 느껴졌다.

'아, 그러고 보니 내 나이도 벌써 고희를 바라보고 있구나! 그때 그 할머니도, 그 동생도 그 옛날 그 사람들 가운데 하나가 되었고.'

그럼에도 그 '찾아나 보지'라는 할머니의 한 맺힌 소리가 계속 내 귓가에 울려 눈물이 글썽하였다. 나의 무기력하고 무능함이 더욱 안타깝게 다가왔다. (2022. 9. 2)

## 의의 소망

어떤 사람이 한 생명체를 만들고 있었다. 그 몸과 마음이 모두 의롭게 지어졌다. 그러자 그가 입은 옷도 의롭고, 그의 손이 닿는 물건까지 다 의로워졌다. 그에게 불의라곤 털끝만큼도 찾아볼 수 없었다.
"오, 세상에! 저리도 의로울 수가!"
그때 갈라디아서 5장 5절의 말씀이 생각났다.

'우리는 성령님을 통해 믿음으로 의롭게 되기를 바라는 그 희망을 품고 삽니다.'

"할렐루야! 참으로 좋으시고 의로우신 하나님 아버지를 영원토록 찬양합니다." (2022. 9. 9)

## 미혹

어느 이발소에서 머리를 깎고 면도까지 마쳤다. 이발사가 머리를 감으라고 의자를 툭 칠 줄 알았다. 그때 한 가냘픈 손이 내 몸을 스치며 코 밑에 면도기를 다시 가져다 댔다. 밖으로 삐죽이 튀어나온 코털을 깎으려니 생각했다. 그런데 면도기를 몇 번 대었다 떼었다 하면서 어설프게 손을 놀리고 있었다. 불안하여 눈을 떠 보니 심부름하는 남자아이였다.

"이가 많이 상하신 것 같아서요. 이를 잘 아는 아가씨더러 손 좀 봐 드리라고 할까요?"

"엉, 이? 그렇지. 그러면 고맙지."

그러자 그가 대뜸 말했다.

"그러시면 팁을 좀 주셔야 해요."

그리고 다짜고짜 내 우편 바지 주머니에 든 지갑을 꺼내더니, 검은 봉투에 든 상품권을 빼내 거울 앞에 있는 통에 집어넣었다. 지갑에는 만 원짜리 돈이 여러 장 들어 있었고, 그 사이에 상품권 봉투가 하나 끼어 있었다.

하지만 그 봉투에 상품권이 몇 장 들어 있는지, 금액은 얼마나 되는지는 몰랐다. 삼만 원이나 오만 원쯤 들어 있는 것으로 짐작만 하고 있었다. 그때 그 옛적 퇴폐 이발소 생각이 나서 마음이 다소 언짢았지만, 이미 말한 것을 돌릴 수도 없어 마음을 다잡았다. (2022. 9. 11)

## 시련

전동 휠체어를 타고 꼬부랑 언덕길을 따라 올라가고 있었다. 그때 갑자기 브레이크가 말을 듣지 않아 지그재그로 이리저리 뒷걸음질 치기 시작했다. 정신을 차리지 못한 채 휘청휘청하며 아래쪽으로 밀려 내려갔다. 어딘가 처박히면 그대로 끝이라고 생각되었다. 그때 간신히 사이드 브레이크를 잡아 끌어당겼다. 가까스로 언덕길 가장자리에 멈춰 섰다.

그리고 다시 그 길을 올라가기 시작했다. 그런데 또 브레이크가 풀렸다. 경험상 이번에도 멈출 수 있다는 믿음이 생겨났다. 침착하게 사이드 브레이크를 잡아당겼다. 휠체어가 한번 휘청하더니 가로로 멈춰 섰다.

정신을 가다듬어 침착하고 차분하게 다시 출발했다. 이윽고 넓은 평지가 보였다. 그 옆에 좁은 길이 있었다. 대통령을 상징하는 봉황의 문양이 새겨진 아치가 세워져 있었다. 그제야 내게 주어진 시련이 거의 다 끝난 듯했다. (2022. 9. 18)

## 비탈길

어느 경사진 비탈길을 그대로 살려 기둥을 세우고, 지붕을 덮고, 계단을 만들고, 의자를 갖다 놓았다. 그러자 지상 최고의 자연 친화적 예배당이 되었다. (2022. 9. 19)

## 해바라기

얼마 전 농막 입구에 해바라기 씨앗을 심었더니 모두 잘 자라났다. 그런데 키만 자라고 줄기가 가늘어 태풍으로 다 넘어졌다. 그래서 쓰러진 해바라기를 일으켜 세우고, 노끈을 둘러 묶었으나 그대로 죽은 듯했다.

그리고 얼마 후 아래쪽에서 위쪽을 쳐다보니, 바싹 말라 죽은 줄 알았던 그 줄기 잎눈 사이에 새싹이 파랗게 돋아나고 있었다. 하지만 때가 늦어 결실하지는 못했다. 이는 환상이 아니라 실제로 있었던 일이다. (2022. 9. 20)


## 물고기

무슨 땅을 사고팔고 소개도 했으나 모든 일이 여의치가 않았다. 호랑이가 나온다는 심심산골 집터를 싼값에 의뢰받아 중개도 했으나 그 또한 마지막 단계에서 계약이 성사되지 않았다.

이후 낚시를 생업으로 했으나 한 마리도 잡지 못했다. 혹시 몇 마리라도 건질까 싶어 동생을 바라보았다. 그때 동생은 낚시를 마치고 비탈길을 내리 달려가고 있었다. 나도 뒤따라갔다. 동생을 만나 몇 마리만 얻으려고 했다. 동생이 의외라는 듯 뭐라고 한마디 하더니 그냥 물속으로 뛰어들었다.

"아무것도 못 잡았어요. 오늘 낚시 안 한다고 했잖아요."

그래서 나는 겸연쩍게 물러났다. 그때 한 자매가 맨손으로 고기를 잡는 모습을 보고 혹시나 하고 그 옆으로 다가가 보았다. 아닌 게 아니라 거기 고기들이 옹벽을 오르락내리락했다. 손으로 쉽게 잡을 수도 있었지만, 물고기가 벽으로 올라가다가 떨어질 때 바구니를 갖다 대니 그 속으로 수북이 떨어졌.

그렇게 먼저 큰 메기를 한 마리 건졌다. 그 자리에서 아가미를 잡아떼고 배를 갈라 내장을 꺼냈다. 그 고기 배 속에 사람이 먹는 생선 토막 두 개가 들어 있었다. 뭔가 이상하다는 생각이 들었으나 개의치 않고 통에 담았다. 그렇게 노란 메기를 비롯하여 동자개도 잡고, 다른 여러 종의 고기를 많이 건졌다. 그때 어떤 사람이 와서 그 고기를 들춰보며 물었다.

"결국은 돌아가신 거예요?"

그 고기 가운데서 어떤 사람의 말소리가 들렸다.

"그래, 이제 때가 되었는가 싶다."

그리고 낭낭히 죽음을 맞이하는 듯했다. 그러고 보니 방금 잡은 고기가 모두 사람과 같은 인격체였다. 아닌 게 아니라 배를 따고 내장을 꺼낼 때부터 평범한 고기가 아니라는 생각이 들었다. 그때 베드로에게 하신 주님의 말씀이 생각났다.

"내가 너희를 사람 낚는 어부로 삼겠다." (마태 4:19 / 마가 1:17)

# 사과나무

과일 착색을 돕기 위해 잎 솎기 작업을 했다. 낀 잎, 덥힌 잎, 마른 잎, 빛을 방해하는 잎 등을 제거하면서, 시멘트로 무슨 구조물을 설치하여 보기 좋게 꾸미려고 애썼다. 하지만 그 일이 계속 꼬이며 진척을 보이지 않았다. 그러다가 가지와 가지를 나란히 세우고, 시멘트를 발라 좁은 문을 만드는 데 성공했다. 용기를 내어 더욱 그 일에 박차를 가했으나 뭔가 어색하고 부자연스럽다는 느낌이 들었다.

그때 일이 자꾸 꼬이므로 경험상 하나님의 뜻이 아닌가 싶었지만, 아랑곳하지 않고 계속 밀어붙이며 짜증도 내고 욕도 했다. 그럴수록 일은 더 꼬이고 힘이 들었다. 그러고 보니 잎은 시멘트가 묻어 광합성 작용을 못 했고, 열매에 붙은 시멘트는 말라붙어 잘 떨어지지도 않았다. 그제야 나무에 인공 구조물이 어울리지 않는다는 사실을 깨닫고 후회했다.

"아차, 내가 성령의 인도를 방해했구나!"

평소 자연과 환경, 순리와 순서를 중시하는 친환경 목회자로서 큰 오류를 범하고 있다는 생각에 낯이 화끈거렸다. 매번 이렇게 미련하여 모순에 빠지고, 바른길을 못 찾아 헤매는 내가 민망하여 몸 둘 바를 몰랐다.

"열매야, 미안하다. 잎아, 내가 잘못했다. 나무야, 나의 허물을 용서해 다오!" (2022. 10. 1)

## 월드컵

　월드컵 결승전이 열리고 있었다. 막상막하 용호상박이란 말처럼 불꽃 튀는 공방전이 이어졌다. 나는 어느 건물 옥상에서 그 광경을 지켜보았다. 그때 공이 내 앞으로 날아와 발로 걷어찼다. 그 반동에 의해 내 몸이 균형을 잃고 비틀거리며 건물 아래로 떨어지려고 했다. 순간 어떤 사람이 내 뒤에서 오른팔을 잡아 끌어당겨 주었다.

　그때 옥상 공간이 좁아 다시 공이 날아오면 내가 아래로 굴러떨어질 위험성이 컸다. 그래서 그가 직접 관전 시범을 보여주었다. 난간에 허리를 대고 빨래처럼 축 늘어져, 얼굴을 바닥에 대고 경기를 거꾸로 보았다.

　그사이 경기는 더욱 치열하게 전개되어 공수가 반복되었다. 골키퍼가 실수하여 골문이 비었으나 운 좋게 공이 빗나가 골인을 면했다. 선수들이 위험한 순간도 있었다. 골키퍼가 바닥에 넙죽 엎드려 선수가 그 위를 건너뛰어 사고를 면하는 모습도 보였다.

　그렇게 시간이 한참 지났다. 선수들도 지친 듯 실축을 거듭했다. 한두 명이 아니라 거의 모든 선수가 실수를 연발하여 페널티 킥을 내주며 분위기를 긴장시켰다. 그때 공이 날아와 나의 발을 맞추고 위로 지나갔다.

　무심코 있다가 깜짝 놀라 정신을 차렸다. 이후 내 발뿐 아니라 종아리, 허벅지, 허리, 몸통까지 무차별적으로 연거푸 공이 날아왔다. 어떤 사람이 내가 얻어맞는 숫자를 세고 있었다. 내 귀에 그 소리가 들려왔다.

"일곱, 여덟, 아홉, 모두 열 번을 맞았네."

그 말을 듣고 나는 비명을 지르며 의식을 잃고 말았다. 그리고 어렴풋하게 정신을 차리고 보니 연장전과 승부차기까지 다 끝났다. 나는 내 잘못으로 인해 승부가 바뀔 수도 있었다는 생각에 어쩔 줄을 몰랐다. 승리한 팀의 기쁨이 아니라 패배한 팀의 원망이 하늘에 사무칠 듯했다. 그래서 선수들을 향해 소리쳤다.

"승패는?"

"무승부야!"

그 말을 듣고 한숨 돌리며 안심했다.

"암, 그래야지. 그래야 하고말고!"

그렇게 근심 걱정이 사라지고 다시 평화를 찾았다. 그때 양팀 주장으로 보이는 선수가 운동장 가운데로 나와 경기장 모형 위에 그림을 그리기 시작했다. 중앙선 아래쪽에서 대각선 방향으로 사람의 모형을 먼저 그렸다. 그것이 집중적으로 공을 맞은 나를 형상화한 듯했다.

그리고 그 모형 위로 물결 모양의 그림을 위쪽 구석까지 쭉 이어서 그렸다. 사람의 모형에 따라 그려졌다. 멀리서 언뜻 보면 Victory(승리)의 V자로, 가까이서 자세히 보면 Win(이기다)

의 W자로 보였다.

그들이 마지막으로 골대를 그렸다. 그런데 좌우가 아니라 각자 아래쪽 구석에, 그것도 공이 들어갈 수 있을까 싶을 정도로 아주 작게 마무리했다. 그러자 그림이 대칭 구조를 이루었다. 그때 그들이 소리쳤다.

"이번에는 골문이 좁았다네!" (2022. 10. 5)

## 상처와 치료

'영원 낙원'이 피로에 지친 나를 긴 침상에 눕히고 안마하며 위로했다. 그때 내가 도끼를 들고 휘두르다가 실수로 '과실 범죄'의 이마를 쳤다. 그가 이마를 움켜잡고 앉아 고통을 호소했다. 약간의 피가 흘렀으나 죽을 것 같지는 않았다.

"어서 병원으로 가야지!"

"아니, 조금 기다려 봐!"

잠시 후 그가 이마에서 손을 떼는 것을 보니, 살짝 빗겨진 피부는 이미 달라붙어 있었고 상처는 벌써 아물어 있었다. 다만 그 상처 가운데 콩알만 한 붉은 반점이 남아 있었다. 그가 말했다.

"확인서만 하나 써 줘. 검사비, 진료비, 치료비 등 조금 돈이 들 거야."

그래서 몇 자 써 주고 차를 몰고 자리를 떠났다. 그때 '은혜 풍성'과 '믿고 안심' 등 몇 교회의 차가 나를 따랐다. 하지만 내 차를 세우고 보니 주차 공간이 부족하여 그들 차량의 절반이 도로 위에 있었다. 안으로 들어가 주차하려면 다소간의 시간이 걸릴 듯싶었다. (2022. 10. 6)

## 경품 잔치

어느 작은 교회에 수십 대의 외제 차가 헌금 대신 현물로 들어왔다. 교회에 등록하여 3개월 이상 출석한 교인들을 대상으로 3개월마다 추첨하여 그 차를 한 대씩 선물로 주었다. 그렇게 3년쯤 행사를 진행하자 수많은 사람이 몰려들어 대형 교회를 이루었다.

그때 한 여성 목회자가 이 방법을 벤치마킹하여 그대로 시행함으로써 역시 크게 성공했다. 그들에 비해 나는 여전히 작은 교회에서 고군분투하고 있었다. 무엇인가 나도 시도해 보고는 싶었으나 뾰족한 방법이 없었다.

이것을 나에게 보여주신 하나님의 뜻이 무엇이며 어디에 있는지 몰라 답답했다. 하지만 분명한 사실은, 이 방법이 하나님의 뜻이 아니라는 믿음이었다. (2022. 10. 7)

## 우선순위

맨바닥에서 아무 준비 없이 예배를 드리곤 했다. 어느 날 사회상을 끌어다 놓고 그 앞에 섰지만, 뭔가 어색하고 어딘가 이상스러웠다. 평소와 달리 성령도 임하지 않았다. 나는 보통 서너 명의 성도를 상대로 원고 없이 설교했다.

그때마다 주시는 성령의 감동에 따라 말씀을 전했다. 그러다 보니 나를 시기하는 자가 설교를 못 한다고 떠들며 다녔다. 하지만 나는 나름대로 성령의 인도를 받으며 그때마다 기쁨으로 가득했다.

그날도 특별히 문제가 될 것이 없다고 생각하며 여유롭게 웃음을 띠고 자세를 바로잡았다. 그런데 그 자리에 참석한 사람들을 보니, 평소 성도들은 보이지 않고 생각지도 않은 옛 친구들이 예닐곱 명 앉아 있었다.

그때 한 영혼이 천하보다 귀하다는 말씀이 생각났다. 그냥 대충 설교하고 넘어갈 일이 아니었다. 하지만 어디서부터 어떤 말씀을 전해야 할지 통 영감이 떠오르시 않았다. 유아와 어린이들이 소리를 지르며 그들 사이를 뛰어다녀 분위기도 엉망이었다. 그래서 애써 태연한 척하며 진정시켰다.

"여러분! 괜찮습니다. 이것이 바로 초대교회의 모습입니다."

이렇게 여유로운 척하며 큰소리는 쳤으나, 분위기가 산만하여 도저히 예배를 드릴 수가 없었다. 강단으로 올라가 자세를 가다듬고 강대상 앞에 정식으로 섰다. 그때 강대상 기둥이 빠져 넘어지고 위에 있던 성경 받침대가 바닥으로 떨어졌다. 그 앞에 앉아 있는 '서로 좋아' 친구에게 손짓하며 부탁했다.
"저 받침대 좀 주워 줘."
그가 일어나 받침대를 주워 나에게 건네주며 '어이쿠!'하고 비아냥거리며 엄살을 부렸다. 그제야 내 잘못을 깨달았다. 목사는 본업이고, 작가는 부업이며, 농부는 시간제라는 사실을. 그때 착색을 위한 잎 따기 작업을 약 20일간 하면서 특별한 준비 없이 설교하고 예배드리곤 했다. 그래서 어딘가 모르게 좀 찜찜했지만, 그때마다 성령이 임하여 위안받았다.

주일 낮 정기예배 후 코로나로 중단된 오후 예배와 수요기도회 등을 어떻게 할지를 성도들과 의논했다. 오후에 반사필름을 깔기로 한 작업도 약간의 빗방울을 핑계로 내일로 연기했다. 그때 마태복음 6장 34절 말씀이 떠올랐다. (2022. 10. 9)

'내일 일은 내일이 염려하는 것이요, 한 날의 괴로움은 그날로 족하다.'

## 수도 누수

차를 세우고 다리를 건너 시가지로 들어갔다. 뭔가 일이 순탄치 않음을 깨닫고 다시 거리로 나왔다. 아닌 게 아니라 수도가 터져 물이 새고 있었다. 가까스로 누수를 막았다. 임시 공휴일이라 수리를 의뢰할 곳이 없었다.

그리고 일어나 돌아보니, 물 새는 곳이 또 있었다. 호스 죔쇠가 헐렁하게 빠져나와 있었다. 다시 끼우고 보니 또 다른 곳에서 물이 샜다. 그때 사람들이 모여들었다. 도저히 안 되겠다 싶어 수도 사업소에 전화하기로 마음먹었다. 혹시 긴급 보수반이 있을지 모른다는 생각이 들었기 때문이다.

그런데 전화번호가 없었다. 그래서 그와 비슷한 곳으로 전화를 걸어 모른 척하고 물어보았다. 안내원이 받아 짜증을 내면서 아니라고 했다. 수도 사업소 전화번호 좀 가르쳐 달라고 했다. 그렇게 전화번호를 받아 가까스로 통화를 하고 보니, 이미 여러 사람이 와서 땅을 파고 수리를 하고 있었다.

"혹시 수도 사업소에서 나왔습니까?"

"그렇습니다."

"이런, 쓸데없이 애를 쓰고 시간만 보냈군."

마음을 가다듬고 전화기를 보니, 가죽이 다 벗겨지고 알맹이만 남았다. 그사이에 끼워놓은 명함과 메모지 등이 모두 없어졌다. 다리를 건너 차를 세워둔 곳으로 가면서 주머니를 뒤져보니 차 열쇠도 없었다.

그때 내 차도 아니고 잠시 빌린 차 안에 키를 두고 왔을 리가 없다는 생각이 들었다. 그래서 다시 다리를 건너 내 차가 있는 곳으로 발길을 돌렸다. 뭔가 되는 일도 없고 안 되는 일도 없이, 그저 그렇게 분주한 시간만 보냈다. 그러고 보니, 내 인생이 너무 허탈했다. (2022. 10. 10)

## 흰 고무신

우리 교회당처럼 전에 창고로 사용한 것 같기도 하고, 마을 공회당 같기도 한 어느 곳에서, 이리저리 돌아다니며 열심히 새벽예배를 인도했다. 하지만 들락날락하는 사람도 많고 분위기도 산만하여 내 설교를 진지하게 들어주는 사람이 없었다. 이건 아니다 싶어 궁리해 보았지만, 특별히 뾰족한 수가 없었다.

그때 군악대 같은 건장한 청년들이 들어와 일렬로 서서 성탄절 칸타타 연습을 했다. 순간 내 설교는 유명무실해졌고, 나는 구석에 처박혀 답답함을 느꼈다. 어디 빠져나갈 구멍이 없는가 하고 찾아보니, 다행히 그들 뒷발치와 벽에 기대선 사람들 사이로 좁은 공간이 있었다. 그곳으로 허리를 한껏 숙이고 살금살금 기어나가며 보니, 그들이 모두 스케이트보드 같은 신발을 신고, 발꿈치를 들었다 놨다 하면서 악기를 연주하고 있었다.

그리고 벽에 기대어 줄을 선 사람들도 다 신발을 신고 있었다. 나만 혼자 신발을 벗고 있었다. 그러고 보니 그 건물은 먼지로 가득했고, 거기 있는 사람들이 모두 신발을 신고 있었다. 밖으로 빠져나와 보니 어느덧 날이 밝아있었다.

나는 투덜거리며 손가락으로 양말을 끌어당겨 튕기고 대충 먼지를 털었다. 그때 어린 딸애가 찬송가를 흥얼거리며 자전거를 타고 뒤늦게 도착했다.

"안에 들어가 잠시 기도하고 오너라."

"알았어."

"신발은 신고."

"알았어."

"신발을 벗으면 나처럼 걸레 된다."

"알았어."

그리고 주변을 살펴보니, 내 앞에 흰 고무신이 놓여있어 손가락을 끼워 그 신발을 신었다. 늘 신발이 없어 허딜김을 느꼈으나 이번에는 신발이 있어 그나마 다행이라는 생각이 들었다. (2022. 10. 14)

## 닭장

닭장 안에 닭과 꿩, 매, 독수리를 같이 넣어 키웠다. 따로따로 묶어두긴 했으나 그 끈이 풀려 홰에 감기면서 전쟁이 일어났다. 약한 놈이 사력을 다해 푸드덕거리며 강한 놈을 피해 다녔으나 이미 털이 절반쯤 빠진 상태에서 몰골이 말이 아니었다.

약자인 닭들의 평화를 위해 강자인 꿩과 매와 독수리를 한꺼번에 잡아 푹 꼬아 먹으려고 했다. 그때 그 맛이 어떨지 생각하니 속이 매슥거렸다. (2022. 10. 18)

## 가위손 벌레

가위손이 달린 시커먼 벌레가 자꾸 벽에 기어 올라왔다. 창밖으로 떨쳐버리면 또 올라오고, 또다시 올라오곤 해서 너무 귀찮았다. 그 힘도 만만치 않아 허벅지살과 손등을 물고 늘어져 놓아주지 않았다. 몇 번을 그렇게 하다가 도저히 안 되겠다 싶어 아예 가위손을 꺾어 버리려고 마음먹었다.

그리고 그놈을 잡아 바닥에 내팽개치고 보니, 그와 비슷하게 생기고 털이 수북이 난 부드러운 놈이 와서 그 가위손 벌레를 잡고 내리쳤다. 그러자 가위손이 뒤로 벌러덩 자빠져 일어나지 못하고 버둥거렸다.

하지만 그것도 잠시이었다. 얼마의 시간이 지나니 그놈이 다시 일어나 아무나 해코지하려고 설쳐대는 모습이 보였다. 더 이상 여지가 없다고 생각되어 그 가위손을 아예 뽑아버리려고 마음을 먹었다.

그때 그놈도 생명을 가진 존재로서 너무 불쌍하다는 마음이 들었다. 바닷가재처럼 그 집게발로 먹이를 잡아먹을 것이 뻔한데, 그럴 수가 없으면 결국 굶어 죽을지도 모른다는 생각이 들었다. 그래서 죽으면 죽고 살면 살라고 집 밖으로 멀리 던져버리려고 마음먹었다. 하지만 그것도 의지가 약하여 실천에 옮기지는 못했다. (2022. 10. 19)

## 분위기

한 형제가 강단에서 절절히 회개하고 아래로 내려가 자리에 앉았다. 내가 마이크를 넘겨받아 회중에게 선포했다.

"우리의 형제가 회개했으니 그 죄가 용서되었음을 주님의 이름으로 선포합니다."

그리고 두 명의 공로자를 소개했지만, 그들의 이름이 기억나질 않아 대충 얼버무리고 말았다. 이어서 집회를 마친다고 선언했다. 하지만 분위기가 너무 조용하고 가라앉아 어색하기 그지

없었다. 그때 갑자기 사람들이 늘어나 예배당을 가득 채웠다.

그들 중에는 유니폼을 갖춰 입은 남녀 합창단도 있었다. 그 가운데 지휘자가 나와서 마이크를 달라고 하여 넘겨주었다. 그가 소리를 테스트하더니 볼륨을 좀 올려달라고 했다. 그래서 중간쯤 놓인 스위치를 3/4쯤 올렸다. 그들의 활기찬 찬양으로 금세 춤추고 노래하는 축제의 장으로 바뀌었다. (2022. 10. 21)

## 손님

오랜만에 파란 하늘이 보이며 햇살이 찬란히 비치었다. 따사로운 기운이 감도는가 싶더니 그 빛 가운데 인자 같은 이가 보였다. 그 순간 그가 담장을 사뿐히 넘어 창문을 통해 방안에 쭈그리고 있는 나에게 임했다. 그때 나도 위로부터 오는 손님을 맞을 준비가 된 듯했다. 무엇이라 표현하기 어려울 정도로 감미로운 분위기에 사로잡혔다. (2022. 10. 23)

## 버스 여행

버스를 타고 어디에 가고 있었다. 어느 한 곳에 이르자 손님들이 다 내리고 나와 두 사람만 남았다. 우리는 바닥에 담요를 깔고 비스듬히 누워 장거리 여행에 대비했다. 내 옆에는 나와 함께하는 자매가 있었고, 그 옆에는 자매와 친한 권사님이 있었다.

하지만 나는 그 권사님의 얼굴을 한 번도 보지 못했다. 자매의 무차별적 질투가 이만저만이 아니었기 때문이다. 그런데 정작 자매는 자매로서 구실도 제대로 못 했다. 그래서 그 못된 질투심이 더욱 심했다.

그때 비로소 내 지구촌의 여정을 바꿀 수 없다는 사실을 알게 되었다. 그래서 세상만사 포기하고 하나님의 섭리에 순응하기로 마음먹었다. 뭔가 실낱같은 희망을 품고 늘 인내하며 살았지만, 이제 그 한계에 이르렀다는 생각에 아쉬움이 컸다.

하지만 더 이상 어찌할 수 없는 현실을 인정하고 받아들여야 했다. 그런 하찮은 일까지도 하나님께서 주장하신다는 사실을 어렴풋하게나마 깨달았기 때문이다. 그러자 내 마음이 아주 편하다는 느낌이 들었다. (2022. 10. 24)

## 뱀장어

어느 골방에 들어가 세상을 등지고 살다가 주변을 둘러보니 뱀처럼 징그러운 짐승들이 바글바글했다. 잔뜩 긴장하며 오랫동안 같이 살았으나 나중에 알고 보니 뱀장어였다. 사람을 해코지하지는 않을 듯했다. 하지만 여전히 머리는 뱀과 같고, 가끔 날카로운 이빨을 드러내곤 하여 두려웠다.

그러던 어느 날, 그 껍질은 벗겨지고 머리는 뭉개지고 내장은 제거되어 앞에 수북이 쌓여 있었다. 약간 말려 고들고들하면 회를 쳐서 먹을 것으로 보였다. 이제 더 이상 두려운 존재가 아니라는 생각에 안도했지만, 그 눈알은 여전히 뱀처럼 반들반들하여 징그러웠다. (2022. 10. 26)

## 소나무

지역교회 목사님들과 모임을 마치고 나오다가 작은 언덕 위에 서 있는 소나무 한 그루를 보았다. 크기도 작고 볼품은 없었지만, 그 푸른 기상이 높이 살만하다는 생각에 사진을 찍기 시작했다.

여기저기 동서남북 사방팔방으로 돌아다니며 나뭇가지를 찍고, 상하로 오르내리며 푸른 잎까지 모두 찍었다. 꽃도 없고 열매도 없었지만, 뭔가 우리에게 전하는 푸른 솔잎의 메시지는 크게 다가왔다.

그리고 얼마의 시간이 지나서 보니, 그 사진으로 인해 모든 기독교 교단의 갈등이 해소되고 소속 목사님들이 화해하여 화평을 누리고 있었다. (2022. 10. 28)

## 교통사고

어느 도로 터널 입구에서 접촉 사고가 났다. 그때 대형 트럭이 터널로 들어가고 있었다. 잠시 움찔하며 비틀거리다가 우리 교회 승합차 옆면을 들이받았다. 화물차 짐칸이 우리 차 지붕과 문짝에 부딪혀 큰 사고가 났는가 싶었다. 하지만 다행히 우리 차가 옆으로 밀리면서 슬쩍 스쳐 지나갔다. 차 옆면이 약간 찌그러지는 선에서 그쳤다.

화물차 운전자가 차에서 내려 다가왔다. 그때 나도 차에서 내렸다. 앞차 운전자도 터널 안에서 걸어 나왔다. 화물차 앞에 가던 차로 피해는 없었으나 화물차 사고의 원인을 제공한 사람이었다. 그래서 세 명이 사고 경위와 책임, 비용 부담 등을 논의하던 중 어떤 사람이 옆에 와서 말했다.

"다소 손해를 보는 사람도 있겠지만, 수리 비용은 각자 부담하기로 합시다."

화물차 운전자가 말했다.

"그렇게 합시다. 다만 건전지 하나는 사다 주세요."

그리고 그가 짐칸에서 떨어진 조각을 모아 용접하기 시작했다. 앞차 운전자가 말했다.

"마침, 여기 건전지 하나가 있습니다."

그리고 그것을 그에게 건네주었다. 화물차 운전자가 건전지 앞뒤에 배선을 연결한 후 그 부품을 화물차 위에 올렸다. 그러자 짐칸 모서리 네 곳이 번쩍번쩍하며 불이 들어오더니 모든 것이 회복되었다. 그래서 모든 사람이 밝은 모습으로 자기 차로 돌아갔다.

그때 나는 우리 차가 20년이 넘었고, 그 외에도 이미 찌그러진 곳이 많아 처음부터 이의를 제기하지 않았다. (2022. 11. 8)

## 닭장 맹세

복층으로 지어진 케이지에 닭들이 들어 있었다. 판매가 예약되어 한쪽에 모아놓으려고 했다. 케이지 세 칸에 그 닭들을 가두고 마지막으로 수탉을 붙잡았다. 그 수탉은 다른 네 번째 칸에 따로 넣었다.

그런데 그 케이지에 구멍이 뚫려 있어 닭들이 빠져나오려고 했다. 급히 철망으로 메우고 돌아섰더니, 이번에는 2층으로 날아올라 나오려고 했다. 2층에는 아예 철망이 없었다. 다시 붙잡아 다른 닭들이 들어 있는 옆 케이지에 넣었다.

그리고 한숨 돌린 후 주변을 살펴보니, 조금 떨어진 우측 케이지 두 곳에 닭들이 더 들어 있었다.

"어휴, 아직도 닭들이 있군."

케이지 다섯 칸의 닭들이 세 칸만 팔리고 두 칸은 아직 남아 있었다. 그 밖의 케이지는 처음부터 아예 비어 있었다.

'아, 그러고 보니 1979년 12월에 처음으로 3만 원의 빚을 지고, 1980년 중반에 150만 원의 변상을 받아 늘어난 빚이, 그동안 1만 배나 늘어나 3억 원까지 되었다가, 이제 1억 2천만 원이 남았으니, 다섯 개의 케이지 가운데 두 개의 케이지 40%가 남은 셈이로구나.'
"오, 주 예수여! 이제 이 40%의 빚, 1억 2천만 원의 짐까지 다 벗겨 주소서. 제 짐이 너무 무거워 남의 짐을 들어줄 수 없습니다. 주께서 제 짐을 벗겨 주시면, 평생 최선을 다해 남의 짐을 들어주겠습니다." (2022. 11. 10)

## 수탉

수확을 마친 과수원에 수탉 한 마리가 벌레를 잡아먹으며 한가롭게 거닐고 있었다. 덩치도 작고 살도 찌지 않았지만, 붉고 윤기 나는 깃털을 가진 것으로 봐서 연약한 모습은 아니었다. 하지만 어딘가 모르게 외롭고 쓸쓸해 보였다.
'아, 가련한 내 수탉이여!' (2022. 11. 12)

## 제사장 복

어느 목사님의 제사장 복을 빌려 입었다. 언젠가는 돌려줘야 했지만, 빌려 입은 것에 대한 부담은 없었다. 그리고 어디선가 다른 옷 한 벌을 더 받았다. 이번 옷은 빌린 것이 아니라 외상으로 샀다. 하지만 여분의 옷이 부담스러워 전 주인의 사전 승낙을 받아 되팔았다. 그리고 그를 찾아갔더니 시장에서 쪽파를 파는 상인이었다. 그가 물었다.

"얼마에 팔았소?"

"50,000원요."

"50,000원? 5,000원을 수고비로 깎아줄까요? 아니, 그냥 50,000원을 다 주시오. 그게 서로 편할 것이오."

그래서 50,000원을 다 주었더니, 그는 아무 일도 없는 양 그냥 쪽파를 파는 일에만 열심을 보였다. 나는 뭔가 이상하고 허전하다는 느낌이 들었다. (2022. 11. 13)

## 낚시

어느 강가에 낚시하는 사람들이 있었다. 그때 목사님들이 옷을 훌훌 벗더니 팬티만 입고 물속으로 들어갔다. 그 모습을 보고 나도 옷을 벗은 후 물속에 들어갔다. 짧은 다리가 다소 불편하고 부끄러웠지만, 작은 모래언덕을 몇 걸음 내려가 물속으로 미끄러져 들어갔다. 그러자 그 모든 것이 가려져 드러나지 않았다.

그때 '하늘 복' 목사님이 곁에서 나를 유심히 지켜보며 같이 수영했다. 물이 수정같이 맑았다. 깊은 곳으로 들어가 보니 더욱 투명하고 물고기들이 다 보였다. 손바닥만 한 물고기가 바닥에 가만히 엎드려 있었다. 혹시나 하고 손을 뻗치니 그대로 잡혔다. 그래서 강가에서 낚시하는 사람들에게 던지며 말했다.

"고기가 포동포동하게 살이 쪄서 횟감으로 아주 좋아요!"
(2022. 11. 14)

## 어린 양

시커먼 죽음의 바다에 숱한 물건들이 떨어져 어딘가를 향해 세속 떠내려가고 있었다. 내가 가진 것도 모두 거기 떨어져 뿔뿔이 흩어지고 말았다. 그중에 어린 양이 한 마리 있었다. 그런데 아무 걱정 없이 흘러가는 물결에 따라 출렁거리며 떠밀려갔다. 너무나 자연스러워 자세히 살펴보니, 엉덩이 쪽에 붙은 새 생명이 빙그레 웃고 있었다. 그때 주님의 말씀이 생각났다.

"나는 부활이요, 생명이다. 나를 믿는 자는 죽어도 살 겠고, 무릇 살아서 나를 믿는 자는 영원히 죽지 않는다. 이를 네가 믿느냐?"(요한 11:25~26)

"그래, 맞아! 모든 것은 다 죽어도 어린 양은 절대 죽지 않아! 어린 양만 붙잡으면 영원히 살 수 있어! 뭣이 걱정이야!" (2022. 11. 15)

## 보험금

언제쯤인지 모르지만, 내가 죽어 1만 원의 보험금이 나왔다. 하찮은 일이라 생각하고 그냥 지나쳤다. 그리고 세월이 흘러 죽은 자보다 산 자로서 보험금을, 먼저 받은 1만 원을 공제하고도, 4만 원 정도 더 받을 수 있다고 했다.

그런데 산 자의 증거로 똥이 필요하다고 했다. 그때 문지방과 집 안에 똥이 있었다. 그대로 두고 한나절을 기다렸으나 보험회사 직원이 오지 않았다. 집안 식구는 물론이고 친구와 친척들까지 상당히 불편했다. 심지어 양치할 물도 쓸 수 없었다. 오후에 다시 한번 알아봐야 할 것으로 여겨졌다. (2022. 11. 16)

# 우유

어디서 열심히 일한 후 새참으로 우유가 나왔다. 그때 어떤 사람이 소리쳤다.

"썩은 우유를 끓였으니 퍼서 먹어라."

아닌 게 아니라 한쪽에 가마솥이 걸려 있었고, 그 안에 우유가 거품을 북적북적 내면서 끓고 있었다. 하지만 그 우유를 먹을 생각은 조금도 없었다. 썩은 우유를 끓였다고 해서 몸에 해롭지 않다는 보장이 없었기 때문이다.

그리고 그 앞쪽에 새로 포장한 우유가 잔뜩 쌓여 있었다. 자세히 보니 그것도 유통기한이 다 지난 우유였다. 혹시나 하고 하나를 뜯어 손톱에 한 방울 떨어뜨려 보니, 아닌 게 아니라 그냥 멀건 물처럼 흘러 내렸다. 그 많은 우유를 제때 먹지 않고 일꾼들이 일만 열심히 한바, 유효기간을 다 넘긴 것이다.

'아, 일만 열심히 하면 뭘 하나? 저 귀한 우유를 하나도 먹지 못하고 버리게 생겼으니!' (2022. 11. 18)

# 세 과부

사회에서 소외당한 세 과부가 있었다. 자식을 위해 인생을 통째로 바쳤으나 노후 대책이 미비하여 어려움을 겪는 듯했다.

어떤 강당에서 도지사의 강연을 들을 때, 천장에서 대대적인 보수 공사가 진행되고 있었다. 냉난방을 포함해 편의시설까지 한꺼번에 시공하는 듯했다. 나는 아이들과 함께 맨 앞쪽에 앉아 있었다. 그때 칸막이가 넘어져 아이들과 함께 일으켜 세웠다.

그리고 얼마의 시간이 지나서 보니, 세 과부의 자리가 이리저리 옮겨지고 있었다. 그러자 그들이 최고의 편의시설에서 최상의 복지를 누렸다. 그간의 시름을 다 잊고 안락한 휴식을 취했다. 그 모습을 보고 나도 위안이 되었다. (2022. 11. 22)

## 세 아들

어떤 아버지가 세 아들에게 집을 한 채씩 공평하게 나눠주었다. 그러자 장남의 집에 딸린 넓은 거실만 남게 되었다. 아버지가 평소 머무는 아늑한 공간으로 아버지 소유의 유일한 재산이었다. 그런데 등기를 보니 아버지와 장남의 공동 소유였다. (2022. 11. 25)

## 똥물

1980년대 살던 옛집 변소에 들어가 있었다. 갑자기 똥물이 파도치듯 치솟아 올랐다. 순간 겁이 덜컥 났다. 밖으로 나와 유심히 지켜보았다. 아닌 게 아니라 똥물이 점점 더 높이 솟구치더니 거름더미를 넘어 거리의 찻길까지 흘러나왔다.

그때 과거를 돌아보니, 1960년대 살던 옛집 변소에서도 똥물이 똑같이 솟아 나왔다. 들판을 지나 다랑논으로 계속 흘러 들어갔다.

'오, 주여! 이것도 주님의 뜻이라면 그 선하신 뜻대로 이루어지기를 바랍니다.' (2022. 11. 30)

## 꺼병이

개천에 꿩이 살고 있었다. 멀리 쫓아냈더니 얼마쯤 날아갔다가 돌아오고, 또 날아갔다가 다시 돌아오곤 했다. 이상하다 싶어 유심히 살펴보니 돌무더기 안에 그 둥지가 있었다. 꿩알이나 몇 개 얻을까 하고 다가갔더니 꺼병이가 보였다.

그중에 몇 마리는 도망치고 네 마리를 사로잡았다. 한 마리는 수컷으로 거의 다 컸고, 세 마리는 암컷으로 조금 작았다. 닭장에 넣어 닭과 같이 키우면 좋을 듯했다. 예전에도 그렇게

꿩과 닭을 같이 키운 적이 있었다. (2022. 12. 1)

## 면티

무슨 명절을 맞아 남자 서너 명이 개울가에서 윷놀이하고 있었다. 그들을 두고 냇둑을 따라 올라가 서너 명의 여자들이 있는 길가 쉼터로 갔다. 그들 가운데 청일점이 되었다. 음식을 푸짐하게 차려놓고 먹으라고 주었다.

그때 특별히 나에게만 미역국이 주어졌다. 위하수로 소화력이 안 좋아 내가 즐겨 먹는 음식이었다. 맛있게 음식을 먹자 저만큼 아래쪽에서 여인들이 합창으로 노래를 불렀다.

"이제 면티 하소서. 이제 면티 하소서~"

그때 면티는 면(綿)으로 짠 티셔츠가 아니라 '티(흠결)를 면(免)하게 하소서'라는 의미로 다가왔다. 그래서 기도했다.

'오, 주여! 이제 때가 되었으면, 이 종의 허물을 벗겨 주소서.'

그리고 주변을 돌아보니, '아멘, 아멘'이라는 하얀 글자가 비로소 퍼즐을 맞춘 듯 그 합창단 앞에 놓여있었다. (2022. 12. 4.)

제3편

# 금강산
- 비움의 훈련

## 타협

어느 강당에서 단체로 하룻밤을 보냈다. 다음 날 주인이 와서 말했다.

"숙박비 15만 원씩 내세요!"

사람들이 이구동성으로 말했다.

"말도 안 돼!"

"1인당 만 원이면 돼!"

내가 나서 말했다.

"모텔에 갔으면 4만 원으로 따뜻하게 하룻밤을 보낼 수 있었고, 화장실이며 세면장 등 모든 것이 편리했을 거요. 그러니 7만 원으로 합시다."

그가 삿대질하며 대들었다.

"네가 뭔데?"

"타협하자는 것이 아니오?"

그때 사람들이 거칠게 반항하자 그가 다시 말했다.

"그러면 10만 원으로 해!"

한 여자가 나서 말했다.

"1인당 만 원이면 적당해!"

사태가 심상치 않음을 알고 그가 또다시 말했다.

"그래, 7만 원! 더 이상 안 돼!"

내가 돈을 주려고 지갑을 열어 보니 천 원짜리 몇 장만 있었다. 얼마 전까지 있던 오만 원짜리와 만 원짜리가 하나도 보이지 않았다. 그때 자매가 와서 말했다.

"내가 챙겨 두었으니 알아서 줄게요." (2022. 12. 6)

## 하나님과 사과

한 남자가 열심히 일하고 있었다. 그 일을 보니 하나님과 사과, 그리고 하나님과 사과였다. 그것이 한쪽 벽에 쭉 기록되어 있었다. 그에게 손녀가 있었다. 그 이름이 나무 나무였다. 너무 특이하여 다시 보았으나 역시 나무 나무였다.

'하나님과 사과는 무엇이며, 나무 나무는 또 무엇인가?'

아무리 생각해도 그 의미가 잘 다가오지 않았다. (2022. 12. 7)

## 치고받기

최첨단 경주용 차량과 같이 큰 바퀴가 네 개 달린 자동차 두 대가 서로 치고받기를 반복하고 있었다. 유심히 보니 한 대는 떠나려 하고, 다른 한 대는 말리기를 계속했다. 떠나려는 차는 'UKC'라는 표지판이 붙어 있었고, 말리는 차는 'B5Π(파이)'라는 표지판 위에 00000(다섯 숫자) 분의 1이라는 분수가 열 개 가까이 이어져 있었다.

  그 어떤 수학자도 능히 풀 수 없는 고차원 세계의 고단위 함수로 보였다. 게다가 이 두 차량의 치고받기가 무엇을 의미하는지, 어렴풋하게나마 짐작이 가는 듯도 했지만, 또 차량 지붕과 옆면에 새겨진 영문자와 숫자는 무엇인지, 그것이 너무 어렵고 복잡하여 생각조차 하기 힘들었다. (2022. 12. 9)

## 거푸집

  그간 선별 작업이 거의 끝났는가 싶었더니 한쪽에 사과 상자가 수북이 쌓여 있었다. 차에도 선별하지 않은 사과가 플라스틱 상자로 반 차쯤 있었다. 그때 보니 언젠가 쓰다가 버려둔 거푸집을 창고로 사용하고 있었다. 우리뿐만 아니라 마을 사람들이 모두 그 본보기 집을 이용했다. 그리고 보니 거푸집의 기둥과 벽, 하수구 등의 수리 문제가 거의 다 해결된 듯했다. (2022. 12. 11)

## 외톨이

  올해도 어김없이 성탄절을 맞았다. 예배를 마친 후에도 일어나지 않고 계속 앉아 묵상했다. 아무 생각이 없었다. 딱히 할 일도 없고 밥 먹을 생각도 없었다. 그때 어떤 사람이 내 옆에 앉아 나와 함께 계속 자리를 지키고 있었다.

얼마 후 눈을 떠 보니 눈이 펑펑 내렸다. 교회 안까지 눈이 들어와 신발이 덮일 정도로 진눈깨비가 흥건했다. 사람들은 삼삼오오 떼를 지어 식사하러 가고, 나를 포함하여 몇 사람만 거기 남아 서성거렸다. 그러다가 마지막으로 내가 밖으로 나갔다.

식당에는 이미 사람들이 방마다 꽉 차서 들어갈 자리가 없었다. 방문 앞에 남녀노소 할 것 없이 다양한 신발들이 가득 놓여있었다. 다들 가족이나 친척, 그 친구들과 함께하였으나 나만 외톨이였다. 내 옆에 앉아 함께 기도하던 그 사람도 떠나고 더 이상 보이지 않았다. 너무 쓸쓸하고 외롭다는 생각이 들었다.

그때 마루에서 아이들 두세 명이 무슨 놀이를 하며 노는 모습이 보였다. 그들 가운데 나의 어린 아들과 딸도 있었다. 그들 역시 보호자 없이 지란 듯 너무 외로워 보였나 안타까운 생각이 들어 한마디 했다.

"얘들아, 밥 먹자!"

아이들이 대뜸 말했다.

"싫어!"

그리고 모두 방으로 들어가 버렸다. 때가 되어 밥 먹을 시간이라 의아하게 생각되었다. 그래서 아이들을 보니 제단에 바쳐진 떡을 먹고 있었다.

"저래서 때가 되어도 아이들이 밥을 먹지 않고 놀고 있었구나."

아이들이 내 말을 듣지 않아 나는 더욱 소외감을 느꼈다. 가족도 없고, 친척도 없고, 친구도 없었다. 이 세상에서 내가 의지할 사람이라곤 아무도 없었다. 내 스스로 부모와 형제자매와 처자식까지 다 버린 쓰라린 대가로 다가왔다.

'내가 진실로 너희에게 말한다. 하나님의 나라를 위하여 집이나 아내나 형제나 부모나 자식을 버린 사람은 현세에 여러 배를 받고, 내세에 영생을 받을 것이다.'(누가복음 18:29~30)

"주 예수 그리스도, 하나님의 아들이시여! 저를 불쌍히 여기소서." (2022. 12. 13)

## 하트 사과

이른 새벽에 잠시 일어났다가 다시 누워 눈을 감았더니, 수양버들처럼 축축 늘어진 가지에 사과가 네 개 달려 있었다.

새빨갛게 잘 익어 그 독특한 사과 향이 물씬 풍겼다. 그런데 그 사과 중에서 하나는 생전 처음 보는 하트 모양이었다.

'세상에! 이런 사과가 있었네.'

주인의 사랑을 듬뿍 받아먹고 자라난 사랑 사과로 보였다. (2022. 12. 14)

## 지휘봉

하숙집 여주인에게 30만 원을 주고 30여 권의 중고 법전을 샀다. 누군가 사법시험을 준비하다가 두고 간 것으로 짐작되었다. 그중에는 이미 본 것이 있고 해서, 금방 보고 다시 10만 원을 받고 팔았다.

그리고 선물 보따리를 받아 돌아오며 풀어 보니, 그 안에 남한과 북조선의 지휘봉이 함께 들어 있었다. 길에서 북조선의 지휘봉을 잠시 떨어뜨렸으나 다시 주워 보자기에 담았다.

'세상에! 누가 남한과 북조선을 농시에 나스럴 통일 대통령이라도 된다는 말인가?' (2022. 12. 16)

## 주의 사역

"오, 주여! 이제 이 종을 고치시고 자유롭게 해 주십시오. 무릎관절, 환상통, 항문질환, 전립선, 위하수, 심장부정맥, 고혈압, 비염, 난청, 치아, 잇몸질환, 노인질환, 기저질환, 만성질환, 허리 통증, 척추 질환, 소화기, 호흡기 등을 다 치료하여 주시고, 건강을 회복시켜 주십시오.

1979년부터 이어진 이 부채의 늪에서도 끌어내 주십시오. 저는 할 수 없으나 주님은 모든 것을 다 하실 수 있습니다. 주께서 선히 여기시고 기뻐하시면, 오늘 당장 1억 2천만 원의 빚을 갚아주시고, 양심적이고 윤리적이고 도덕적인 빚까지 다 청산하실 수 있습니다. 주 예수 그리스도 안에 있는 사랑의 빚만 잔뜩 지게 하시되, 그 빚도 가난한 이웃에게 갑절로 돌릴 수 있게 하십시오.

우리 교회도 부흥시켜 주십시오. 더도 말고 덜도 말고 알곡 신자 열 명만 보내주십시오. 그들의 헌금으로 목회자의 생활비를 충당할 수 있다면, 교회가 더 이상 재정적으로 어려움이 없을 것이며, 자비량이 아니라 전임 목회자가 와서 대대로 사역할 수 있습니다.

우리 교회가 주님의 5대 사역을 이어받게 하십시오. 파레시아, 디닥시스, 케리그마, 테라퓨오, 소테리아, 곧 주님의 정의를 드러내고, 하나님의 말씀을 가르치고, 주의 복음을 선포하고, 병든 자와 약한 자를 고치고, 죽어가는 생명을 구원하게 하시며, 주님의 제자로서 그 사명을 잘 감당하게 하십시오.

오, 주여! 이제 간절히 비옵기는, 이 부덕한 종에게 주님의 권세와 능력을 허락하십시오. 우리 주 예수 그리스도의 이름으로 기도합니다. 아멘."

그때 찬송가 296장이 내 귓가를 울렸다. 내가 그 노래를 따라 부를 때 천사들이 합창하여 내 마음을 감동하고 감화시켰다. 한 곡을 반복해서 찬양하며 새벽예배를 드렸다. 주의 5대 사역에 심취하여 큰 은혜를 받았다.

*죄인 구원하시려고 피를 흘려주시옵고*
*거역하고 돌아서면 채찍으로 붙드셨네.*
*하나님의 크신 사랑 어찌 능히 헤아리며*
*하나님의 크신 사랑 어찌 능히 감당할까.*

아멘, 아멘! (2022. 12. 26)

## 부채

'피그말리온 효과'라는 말이 있다. 어떤 일에 정신을 집중하고 소망하면 그 일이 실제로 이루어진다는 것이다. 나는 '피를 말리는 효과'라고 연상한다. 지난 40여 년간 하수를 짓누르고 괴롭힌 부채를 청산하기 위해 날마다 기도한다. 이제는 내가 죽기 전에 해결할 첫째 버킷리스트가 되었다. 어떤 사람이 다가와 말했다.

"이제 집을 파세요!"

"내게 무슨 집이?"

"오래전 애물단지 된 그 집 있잖아요."

"그 집?"

"예, 그 빌라요."

"아, 그때 그 빌라!"

그러고 보니 어렴풋하게나마 기억나는 듯했다. 전세금으로 소유권을 넘겨받아 내버려둔 그 집, 기억이 가물가물하여 반신반의하면서도 그것이 현실처럼 다가왔다.

"예, 그 빌라를 파세요."

"어떻게?"

"팔아서 그 빚을 갚으세요."

"얼마나?"

"2억 5천에요. 전세금 1억 빼고 1억 5천으로."

그때 지난 새벽 담대히 기도한 것이 떠올랐다.
'주께서 선히 여기시고 주의 뜻이라면, 오늘 당장 이 빚을 갚아주실 수도 있습니다.'
'아, 주께서 이렇듯 정말 종의 빚을 갚아주시다니!'
"할렐루야! 지금도 살아계시고 역사하시는 하나님 아버지를 찬양합니다!" (2022. 12. 27)

## 민폐

우리 과원들로 한 팀을 구성하여 주어진 사업을 수행하고 있었다. 과장이 팀원을 소집하여 나도 원탁회의에 참석하게 되었다. 회의를 마치고 과장이 내게 말했다.
"속옷 좀 갈아입고 씻어. 몸에서 냄새가 나잖아."
그러고 보니 겨울이라 춥다는 핑계로 한 달에 한두 번 정도 샤워하고 속옷을 갈아입었다. 만성비염으로 냄새를 잘 맡지 못해 민폐를 끼치고 있다는 생각이 들었다. (2023. 1. 9)

## 헌금

교회 집사들과 함께 농사를 지었으나 온전한 헌금을 드리지 못했다. 성령님의 감동이 크게 다가와 일꾼들을 재촉하여 온전한 헌금을 드리라고 했다. 그리고 강단 좌우에 받침대를 놓고 큰 그릇을 올려놓았다.

거기 아무 흠도 없고 티도 없는 깨끗한 사과를 골라 가득 담았다. 그 사과로 강단 꽃꽂이를 한 듯 매우 아름다웠다. 그렇게 강단 양쪽에 사과를 바침으로써 온전한 헌금을 드리게 되어 마음이 뿌듯했다.

그때 강대상 위에 누군가 갖다 놓은 봉헌물이 있었다. 직사각형 상자에 무엇을 담아 황금 보자기로 정성껏 싸서 빛을 발했다. 그것이 무엇인지 궁금했으나 풀어 보지 않았다. 예물보다 정성에 감동되어 포장지를 뜯어 보고 싶은 생각이 없었다. 하나님께서는 그 사람의 중심을 보시기 때문이다.

'사람들은 겉모습을 보지만 나 야훼는 속마음을 들여다본다.'(사무엘상 16:7)

"오, 주 예수여! 주님의 뜻을 이루소서." (2023. 1. 9)

## 자리

무슨 물건을 잔뜩 안고 2층 사무실로 올라가고 있었다. 마지막 계단이 너무 높아 무척 애를 먹었다. 우여곡절을 거치며 가까스로 기어올라 헐레벌떡 문을 열고 들어갔다. 자리 배치가 바뀌고 직원들도 새로 채워져 있었다. 아는 사람도 더러 있었으나, 대부분이 낯설었다. 과장도 바뀌어 맨 안쪽에 앉아 있었다. 그가 나를 보고 대뜸 물었다.

"무슨 일이오? 너무 강하게 보여요!"

그 바로 앞에 앉은 사람이 말했다.

"강하긴 뭐가 강해요?"

그는 과장과 비슷한 또래의 직원으로 나도 약간 친분이 있었다. 과장이 다시 말했다.

"아니야, 분명히 너무 강해!"

그 말이 나에게 좋지 않은 의미로 다가왔다. 그래서 나긋한 말투로 말했다.

"얼마 전까지 저도 회계과에 근무한 적이 있습니다."

그리고 밖으로 나왔다. 첫 계단이 너무 높아 펄쩍 뛰어내렸다. 바닥에 떨어진 서류를 주워 들고 서둘러 계단을 내려가며 숭얼거렸다.

"아, 너무 오랫동안 자리를 비웠어. 회계과에서 예산과로 자리를 옮긴 것도 깜빡 잊고 있었어. 이제 과장에게 가서 얘기해야지.

'제가 이런저런 일로 너무 오랫동안 자리를 비웠습니다. 이제부터 주어진 업무에 충실하겠습니다.'

아, 그러고 보니 그동안 어디서 무엇을 하며 어떻게 살았는지도 모른 채, 그냥 무심한 세월만 보내고 말았어." (2023. 1. 11)

## 꿀 훈련

미모(美貌)와 머니(money, 돈), 머시(mercy, 자비)를 두루 갖춘 한 선교 단체의 대표가 수련회를 계획하고 있었다. 그때 포스트를 보니, 열차를 타고 질주하는 그림에 그에 걸맞은 표어가 없어 허전한 느낌을 받았다.

그래서 그것을 지적했더니, 행사를 준비하는 간사가 '하나가 된~'을 제시했고, 대표는 '한 끼 정크 밥'으로 수정했다. 그 말뜻을 몰라 찾아보니 '꿀 훈련'이었다. 그래서 내가 맞장구쳤다.

"참 적절한 말이네요. '꿀 훈련'이야말로 이 수련회 정신에 딱 맞는 것 같습니다."

그렇게 결정하고 우리는 함께 음식을 먹었다. 그리고 좀 더 토론하고 나서 대표가 음식을 조금 더 달라고 했다. 즉석요리가 추가로 나왔다. 영양가 없는 부실 음식이었다. 그때 옆 사람의 밥그릇에서 입맛에 당기는 것이 보여 하나를 집어 들었더니 문어를 썰어 놓은 조각이었다. 그러자 그가 말했다.

"제가 이미 한 입 먹은 건데요?"

그러고 보니 이빨 자국이 선명하게 있었다. 그래서 다시 그의 그릇에 던져주고 자리에서 일어났다. 특별히 먹을 만한 음식이 없었다.

그리고 새벽에 일어나 기도하며 곰곰이 묵상하니, 자세히 모르기는 하지만, 뭔가 내게 주시는 주님의 계시가 깃들어 있음을 느꼈다. (2023. 1. 11)

## 잔고

지극히 평범한 사람이 그의 통신주를 팔았다. 그 잔고가 궁금하여 통장을 보니 8조 원이 넘는 금액이 찍혀 있었다. 보통 천억 원대까지는 아라비아 숫자로 표시하지만, 조 단위는 전산 프로그램상 찍지 못해 그냥 한글로 8조 원이라 기록한 것으로 보였다. 그때 8조 원 이하의 천억 원대 금액은 굳이 알 필요도 없었고, 그것이 9,999억 원이라 하더라도 그것은 잔돈이라 굳이 궁금할 이유도 없었다.

그러나 그의 삶은 여전히 전과 다름이 없었고, 생활비 등이 부족하여 어려움을 겪고 있었다. 그럼에도 그는 재벌 못지않은 큰 잔고를 가지고 있었다. 그 돈을 쓸 줄 모르는 것인지, 아니면 다른 무슨 사유가 있는지, 나로서는 알 수가 없었. (2023. 1. 20)

## 토지 매매

한 가족을 모시고 어느 임야를 답사했다. 그 산 정상에는 호수가 있었고, 건너편 소나무 숲에는 묘지들이 보였다. 그 바로 위에 한반도 지도처럼 생긴 작은 땅이 있었다. 누군가 경계를 만들어 놓아 금방 찾을 수가 있었다. 그리고 산에서 내려와 금액을 협의했으나 조정이 어려웠다. 부인이 남편에게 말했다.

"이제는 더 이상 할아버지를 집에 모시기 싫어요."

자세히 모르긴 하여도, 그 조부의 유골을 자기 집에 모시고 아직 장례를 치르지 못한 것으로 보였다. 하지만 그들 부부는 끝내 그냥 떠나려고 차에 탔다. 그리고 시동을 걸고 출발하려다가 창문을 열고 제안했다.

"49만 원이면 어때요?"

나와 함께 있던 자매가 대뜸 대답했다.

"그래요!"

그래서 협의가 완료되었다. 이제 계약만 남았다. 그렇게 다른 사람의 명의로 된 지분 임야가 매매되어 속이 시원했다. 이것이 무엇을 의미하는지 분명치는 않았으나, 몇 가지 의미하는 바가 있어 잔뜩 기대하고 기도했다.

"오, 주여! 이제 때가 되었습니다. 주님의 은혜로 모든 빚을 갚아주시고, 저희 가정도 회복시켜 주십시오." (2023. 1. 22. 설날)

## 비상금

어느 날 친구 모친이 나를 찾아와 말했다. 바로 맞은편에 그 친구가 있었지만, 자기 아들에게 직접 말하기가 어려웠든지, 내게 와서 사정이 어렵다는 사실을 간접적으로 드러냈다. 그때 그 친구가 내게 눈짓으로 자기 모친에게 돈을 좀 빌려주라고 표시했다.

나는 어릴 때부터 누가 부탁하면 거절을 못 하는 사람이었다. 그래서 이제까지 여기저기 무엇을 빌려주거나 보태주기를 마다치 않았다. 이번에도 마지막 남은 비상금 100,000원을 고이 접어 놓은 그대로 그 모친에게 건네주었다. 그러자 나는 완전히 빈털터리가 되었다.

이후 그 친구의 친구들이 그에게 가서 다시 손을 벌렸으나 그는 여전히 줄 것이 없었고, 대신 나를 쳐다보았으나 나 또한 더 이상 줄 것이 없었다. (2023. 1. 13)

## 긴장

무슨 공문을 작성하여 결재를 받은 후 발송하려고 보니, 어떤 예산에서 조금 삭감된 금액이 빠져 있었다. 큰 하자가 아니라 수기로 추가하려고 하니, 그와 관련된 다른 공문의 예산과 조금 달라 감사 시 문제의 소지가 될 수도 있지 않을까 염려되었다. 그렇다고 다시 공문을 작성하여 결재를 받기도 그렇고, 그냥 보내기도 그렇고 해서 잠시 망설였다.

그때 처음 계획에 따라 행사가 착착 진행되면서 짐 보따리가 하나씩 둘씩 옮겨지고, 그 순서와 절차에 따라서 1차, 2차 프로그램이 수행되었다. 그런데 뭔가 아귀가 잘 맞지 않아 1차에서 2차로 순서가 바뀌면서 남는 짐들이 생겨났다. 하지만 어찌어찌하여 겨우 맞춰나가며 준비 절차가 모두 마무리되었다.

그때 사람들이 기다렸다는 듯이 나무 그늘 밑으로 우르르 몰려들었다. 무슨 일인지 물어보니 본 행사에 참석하는 선수들이었다. 미처 숨 쉴 틈도 없이 모든 일이 한꺼번에 진행되었으나 더 이상 큰 어려움은 없었다. 하지만 처음부터 끝까지 긴장은 계속되었다. (2023. 1. 24. 새벽)

## 올림픽 선수

올림픽에 참가한 선수들의 명단을 보다가 깜짝 놀랐다. 과수원에 분야의 세 경기 중에서 마지막 종목의 세 명 선수 가운데 내 이름이 거기 들어 있었기 때문이다. 선수가 세 명이다 보니 금, 은, 동 가운데 메달은 따 놓은 당상이었다. 한 사람은 유럽연합을, 다른 한 사람은 일본을, 그리고 나는 한반도를 대표하는 선수였다.

그러고 보니 나는 지난 3년간 세계 최초로 독자 개발한 천태만상 농법에 따라 세상에서 가장 자연 친화적 사과를 수확했다. 따라서 지상 최고의 새콤달콤한 맛과 풍부한 과즙을 자랑하는 사과를 처음으로 선보여 어린아이들에게 큰 인기를 얻었다.

그동안 영하 15도 추위와 풍속 50km/h의 칼바람 속에서도 병약한 나무를 간벌하고, 전지 전정 등을 직접 실시하고, 유목과 성목(成木)의 특성에 따라 배비(排比) 관리를 적절히 한 점 등이 높은 점수를 받은 것으로 보였다.

'아, 그러고 보니 53년 전 오늘, 정말 끔찍한 사고로 나는 죽었다가 살아나기를 반복했다. 이후 그 후유증은 정말 만만치가 않았다. 그래서 오늘, 이 아침, 이렇듯 큰 위로와 격려의 선물을 받지 않았나 싶다. 할렐루야!' (2023. 1. 24, 밤)

## 밤새워 라가라

어딘가 낯선 땅을 여행하고 있었다. 한 건물에 도착하자 가이드가 소리쳤다.

"잠시 쉬며 회포를 풀고 가겠습니다."

그때 한 사람이 샛문을 통해 뒷산으로 올라가는 모습을 보고 가이드가 말했다.

"마음에 꺼리는 사람은 밖으로 나가 좀 쉬어도 좋습니다."

그 말을 듣고 나는 생각했다.

"나도 나가야지. 아무리 그래도, 어찌 창녀들과 놀겠는가?"

그리고 거리로 나갔다. 경기도 남쪽의 어느 작은 도시로 보였다. 버스를 타고 일단 서울로 가려고 했다. 정류장 표지판을 보니 버스노선이 두 개 있었다. 반대 방향이 아니면 서울 강남까지 갔다. 그런데 토큰이 없었다.

그때 버스 안에서 어떤 사람이 운전기사와 옥신각신하고 있었다. 오만 원짜리를 요금으로 내고 잔돈을 토큰으로 받고 있었다. 나도 오만 원짜리 하나만 있어 주춤거리다 일단 버스를 탔다. 그리고 혹시나 하고 오백 원짜리 동전을 주었더니, 십 원짜리 동전 몇 개를 거슬러 주었다.

버스 안쪽을 보니 앉을 자리가 없었다. 다행히 출입문 옆의 안내원 자리가 비어 있어 우선 거기 앉았다. 누가 뭐라고 하면 변명할 여지가 있었기 때문이다. 그때 운전사는 보이지 않고 어디선가 구슬픈 노랫소리가 들렸다. 주변을 살펴보니, 기사가 버스 앞 창문에 매달려 구슬픈 노래를 부르며 눈물을 흘리고 있었다.

"밤새워 라가라~"

노랫가락의 특성상 그것이 '밤새워라 가라'인지, '밤새워 나가라'인지, '밤새워 라가(Raca)[5]라'인지 듣고 해석하기에 따라 그 의미가 아리송했다. 아무튼 그에게 무슨 한 맺힌 사연이라도 있는 양, 눈물을 펑펑 흘리며 구슬프게 노래를 불렀다.

그것이 운전사 자신의 사연 때문인지, 아니면 누구에게 무슨 교훈을 주려는 것인지 모르지만, 아무튼 나는 서울 강남까지 가서 다시 버스를 타고 강북까지 가는 것이 목표였다. 거기 내 집이 있었기 때문이다. (2023. 1. 28)

## 달구 새끼

닭장 안에 있는 닭과 토끼들을 새로 지은 집으로 옮기려 했다. 그런데 그들이 심하게 반항하며 버티었다. 닭장이 좁아 그 몸을 가눌 공간도 보이지 않았다. 그래서 그런지 옮겨 놓으면 도로 나오려고 발버둥을 쳤다. 나중에는 짜증이 났다. 철망 사이로 대가리를 내밀고 나오는 놈의 모가지를 비틀어 안으로 밀어 넣었다.

"이놈들아, 죽으면 죽어버려라!"

그렇게 한참 실랑이하다가 그 안쪽을 보니 이게 웬일인가?

---

[5] '골이 빈' '얼간이' '바보' 등을 뜻하는 히브리인의 욕설이다. (마태복음 5:22)

닭장 입구만 좁고 안쪽은 아주 넓고 환경도 좋았다. 그야말로 닭과 토끼들이 살기에는 천국이었다.

'아, 그러고 보니 우리도 저 달구 새끼같이 저렇게 살고 있지 않은가? 한 치 앞도 내다보지 못하면서 지금 눈앞의 사정과 형편만 보고 악을 쓰며 반항하고 있으니. 오, 주여! 주님의 긍휼하심만이 죄인들의 살길입니다.' (2023. 1. 29)

## 악몽

오래전 단종 된 포텐샤 차를 타고 다녔다. 소방서 앞을 가로질러 교차로를 빙 돌아 서둘러 위쪽으로 올라갔다. 그 입구에 둑이 무너진 모습을 보고 가까스로 갓길로 비켜 겨우 본도로에 올라탔다.

그런데 이게 어찌 된 일인가? 진입로가 아니라 진출로로 거슬러 올라가 중앙선을 넘어갈 수밖에 도리가 없었다. 좌우를 살피며 급히 핸들을 틀어 반대 방향으로 건너갔다. 순간 편도 2차선 가운데 차선 두 개가 거의 다 무너지고 낭떠러지가 되었음을 발견하였다. 동해에서 해일이 일어나 둑이 왕창 무너진 듯했다. 급브레이크를 밟았으나 차가 멈춰 서는 낌새를 느끼지 못했다. 순간 꿈에서 깨어났다.

너무 심각한 상황을 맞아 가슴이 벌렁거리며 잠을 이루지 못했다. 밤 12시 55분이었다. 내가 할 수 있는 일이라곤 '그 난간에서 차가 멈춰 서 줬으면'하고 바랄 뿐이었다.

그리고 자전거를 타고 어느 들판을 가로질러 가고 있었다. 짐을 잔뜩 실은 화물차가 내 앞과 옆에서 동시에 달렸다. 그러다가 앞서가던 화물차가 갑자기 뒤로 후진하기 시작했다. 깜짝 놀라 나도 물러섰다. 그렇게 한참을 후진하던 화물차가 목재가 가득 쌓여 있는 좌측 언덕으로 올라가는 모습을 보고 겨우 안도할 수 있었다.

이 외에도 자세한 기억은 없지만, 잡다한 악몽을 꾸고 마음이 불편한 가운데 비몽사몽간 새벽기도를 드렸다. (2023. 1. 30)

## 자중지란

학년별로 이 방 저 방에 모여 자는 아이들이 있었다. 나는 소변을 보려고 밖으로 나갔다. 그때 문지방 앞에서 자는 여학생이 보였다. 내가 힌미디 하자 벌떡 일어나 쳐다보시도 않은 채 그냥 알았다고 했다.

내 발에 맞지 않은 작은 검정 고무신을 찾아 신고 소변을 보러 뒤뜰로 갔다. 그런데 한발 한발 앞으로 나아갈수록 땅이 질어 발이 푹푹 빠졌다. 집 모퉁이에서 결국 진창에 빠져 그 신발마저 놓치고, 처마 밑의 돌부리에 올라가 소변을 보았다. 그런데 그 돌 위에 똥이 조금 묻어 있었다. 그 똥까지 밟아 오른쪽 양말까지 더러워졌다.

그때 이종 여동생 '순수 황금'이 나를 다정스럽게 부르며 따라오다가 자중지란에 빠진 나를 보고 한숨을 쉬며 돌아갔다. 하지만 나는 눈길조차 두지 않았다. '머피(murphy)의 법칙'[6]에 빠진 듯 나는 정말 설상가상이었다. 한두 번도 아니고 일평생 그렇게 살아가고 있으니, 내가 봐도 저주받은 어둠의 자식으로 느껴졌다.

'어휴, 오늘 또 무슨 일을 겪으려고?' (2023. 2. 12)

## 작은 개

길을 바삐 가다가 보니, 작은 백구 한 마리가 따라오고 있었다. 얼마 전에 새끼를 낳은 듯이 보였으나 음식을 먹지 못해 심히 굶주린 상태였다. 나와 눈이 마주치는 순간 응석을 부리며 뒤로 벌러덩 자빠져 누웠다.

일찍이 우리 가족을 수마에서 구한 백구 발바리가 생각났다. 그런데 그에게 줄 먹이가 없었다. 너무 안타까웠다. 그때 오래전 남은 사료를 어디 두었다는 사실을 기억하고, 그거라

---

[6] 뒤로 자빠져도 코가 깨진다는 뜻으로, '샐리(sally)의 법칙'과 반대되는 개념이다.

도 좀 주려고 했으나 그 기억마저 가물가물했다. (2023. 3. 18)

## 아버지

아버지가 나를 잡아 두려고 다가오고 있었다. 나는 그 아버지로 인해 너무 힘들었다. 한두 번도 아니고 정말 고달프고 괴로웠다. 내가 골목길로 들어가니 뒤따라왔다. 그때 누가 소리를 질렀다.

"칼 조심해요!"

그 말을 듣고 뒤돌아 아버지의 양팔을 잡고 보니, 아닌 게 아니라 오른손에 칼이 들려 있었다. 짜증을 내면서 그 칼을 빼앗아 멀리 던져버렸다. 그리고 아버지 앞에서 걸어가니 누가 또 소리쳤다.

"유리 조심해요!"

그래서 다시 아버지의 양팔을 잡고 보니, 정말 유리 조각을 들고 있었다. 신경질을 내면서 빼앗아 멀리 던져버렸다. 그리고 도저히 안 되겠다 싶어 아버지를 잡아 골목길에 눕히고, 멱살을 잡아 돌부리에 머리를 처박으며 말했다.

"아버지 용서하세요. 천국에서 만나요."

아버지의 머리에서 허연 물 같은 피가 솟아 나왔다.

"아버지! 이 불효자를 용서하소서. 오, 주여! 이 죄인을 용서하소서."

그때 아버지가 소리쳤다.

"춥다, 추워! 이불을 덮어다오. 많이, 많이~."

누가 와서 두툼한 솜이불을 아버지에게 덮어주었다. 길바닥에 그대로 누운 채, 아버지가 위로 조금씩 밀고 올라가며 계속 소리쳤다. 다행히 피는 멎은 듯했다.

"춥다, 추워! 이불을 덮어다오. 많이, 많이~."

그러자 누가 또 이불을 갖다 덮어주었다. 그 모습을 보고 아버지가 너무 불쌍하다는 마음이 들었다. 많은 출혈로 더욱 한기를 느끼는 듯했다. 아버지를 살려야겠다는 생각이 들었다.

그런데 119로 전화하려고 보니, 스마트폰은 물론이고 지갑 등이 모두 사라지고 없었다. 그냥 우측 골목길을 따라 달려갔다. 옆집과 그 옆집을 지나 세 번째 집에서 두 자매가 걸어 나오고 있었다. 오른쪽 자매에게 소리쳤다.

"급히 전화할 일이 있어요! 전화기 좀 빌려주세요!"

자매가 서둘러 전화기를 건네주었다. (2023. 3. 24)

## 흙

나는 목사라고 하지만 설교하기 싫다. 작가라고 하지만 글쓰기도 싫다. 하지만 농부로서 일하기는 그리 싫지 않다. 내가 흙으로 지어진 탓일까? 아니면 언젠가 본 환상, 바로 그 하나님의 계시, 목사도 사라지고 작가도 사라지고 농부만 남은 일, 그 때문일까? 어떻든 하나님의 뜻이라면 반드시 이루어질 것이고, 그에 따른 예외는 없을 것이다. (2023. 3. 25)

## 죽음

조그만 자매가 육중한 문을 열고 저수지 안으로 들어가는 모습이 보였다. 얼마큼 떨어진 곳에서 이를 지켜보다가 깜짝 놀라 소리를 질렀지만, 시공간이 달라 소통되지 않았다.

그때 나의 간절한 마음이 통했는지 자매가 반 발짝쯤 밖에서 무엇인가 이상한 듯 나를 돌아보았다. 너무 다급한 나머지 잠시만 멈추라고 온갖 수단과 방법을 다 동원하여 부르짖었다. 그러자 담담하고 무표정한 모습으로 돌아서 멈춰 섰다.

'오, 주여! 감사합니다. 죽음의 문턱에서 자매를 살려주셨습니다!'

그 저수지는 차디찬 얼음 진창으로 한번 들어가면 다시 나올 수 없는 생지옥이었다. 하지만 평소 무감각한 사람들은 그곳이 곧 죽음이요, 지옥이라는 사실조차 모르고 살았다.

"오, 아버지 하나님이시여! 그 조그만 자매가 실제로 이 작은 자매인지, 아니면 저의 아버지이거나 저 자신이지, 그도 아니면 다른 누구인지, 저는 모르지만, 주님은 아십니다. 저의 작은 간구로 죽어가는 한 생명을 살려 주시니 감사합니다." (2023. 4. 19)

## 소천

2023년 4월 21일 금요일 저녁, 모든 가족은 병원에 와서 대기하라는 간호사의 통보를 받고, 병원에서 약 40분 거리에 있는 어머니의 집에서 조마조마하게 밤을 새웠다. 어머니는 청송에, 나는 영덕에, 병원은 안동에 있었다.

4월 22일(음력 3월 3일) 토요일 아침, 영덕의 교회로 다시 돌아왔다. 포항에 있는 큰 교회의 봉사단이 우리 교회에 와서 간판과 창문 등을 설치해 주기로 약속한 날이기 때문이다. 그래서 돌아오는 길에서 다시 돌아가더라도 일단 봉사단의 일행을 맞으려고 했다.

다행히 그 일을 다 마칠 때까지 병원에서 연락이 없었다. 교회 공사를 잘 마치라고 하나님께서 아버지의 생명을 붙잡아 주신 것이라 느껴졌다. 그렇게 일을 마치고 씻은 후 밤 10시경 잠자리에 들려고 준비했다. 그때 아버지가 위중하다는 전화를 받았다.

청송에 들러 어머니를 모시고, 11시를 약간 넘겨 병원 중환자실에 도착했다. 하지만 아버지는 10시 50분경 이미 사망이 선고된 상태였다. 결국은 아버지의 임종을 지키지 못했다. 빈 식장이 없어 여기저기 알아보다가 청송의료원으로 갔다.

4월 23일 주일 새벽, 하나씩 둘씩 도착한 형제와 자매에게 그 일을 맡기고 영덕의 교회로 돌아가 씻고 11시 정기예배를 드렸다. 그리고 다시 청송의 장례식장으로 돌아가 문상객을 맞으며 그날 밤을 보냈다.

4월 24일 월요일 아침, 그동안 아버지가 출석한 교회의 목사님에게 부탁하여 발인예배를 드리고, 의성 화장장으로 가서 유골을 수습했다. 그리고 영양의 할머니 산소 앞에 모시고, 청송으로 다시 돌아가 결산하고, 그 일을 모두 마쳤다.

그리고 비몽사몽간에 차를 몰고 영덕으로 돌아왔다. 그리고 보니 지난 4일간 차를 몰면서 위험한 순간이 몇 차례 있었다. 고속도로를 달리다가 심한 소음에 정신을 차리고 보니 차가 블록 차선을 벗어나 달리고 있었다.

'어휴, 이러다가 나도 천국으로 가겠네.'

피로와 졸음이 생리적 현상이지만, 어쩌면 그것을 매개로 사탄이 나의 목숨까지 노리고 있을지도 모른다는 생각이 들어 끔찍했다. 창문을 열고 바람을 쐬거나 머리를 흔들기도 하며, 뻐근한 목덜미를 툭툭 치고 주무르기도 하면서, 수단과 방법을 다 동원해 보았지만, 생리적 현상 앞에 큰 효과가 없었다. (2023. 4. 24)

## 졸음 귀신

4월 25일 오후 2시, 병원에서 아버지의 치료비를 계산하라는 연락을 받고 다시 안동으로 갔다. 그런데 갑자기 졸리고 어지러워 정신을 차릴 수가 없었다. 네 시까지 병원에 가기로 약속하여 고속도로 휴게소에서 쉴만한 여유도 없었다. 최대한 속도를 낮추고 천천히 가다가 투두둑투두둑하는 소리에 깜짝 놀라 보니, 차가 차선을 넘어서 달리기도 하고, 교량 난간에서 바람에 흔들거리기도 했다. 그때마다 진땀이 바싹바싹 솟아났다.

그리고 보니 뭔가 이상했다. 벌써 며칠째 이런 현상이 계속 일어나고 있었다. 도저히 안 되겠다 싶어 차를 몰고 휴게소에 들어가 한숨 자기로 했다. 우선 편의점에 들러 따끈한 커피를 두 캔 사서 먼저 하나를 마셨다. 알람을 설정하여 20분만 자기로 하고 의자를 뒤로 젖히며 벌러덩 드러누웠다.

그 순간 즉시 가상 세계에 빠져들면서 내 앞에 세 사람이 나타나 보였다. 졸음을 이기지 못해 실눈을 뜨고 비실비실하는 인간이 보였다. 그 양쪽에서 두 사람이 그를 붙잡아 어디론가 강제로 끌어가고 있었다. 그가 반쯤 눈을 감은 채 뭐라고 중얼거리며 못내 아쉬운 듯 나를 힐끗힐끗 쳐다보았다. 그때 나도 슬며시 눈을 뜨고 주변을 둘러보았다.

 '어, 여기가 어디지? 아, 내 차 안이네. 그래, 내가 너무 졸려서 잠시 눈을 붙였지.'

 그리고 시간을 보니 3시 20분, 약 15분간 눈을 붙였고, 그 사이 나는 이 무지막지한 환상을 본 것이다.

 '오, 그러고 보니 그놈의 졸음 귀신이 나를 지옥으로 끌어가려고 그런 개수작을 부린 것이 아닌가!'

 "오, 주여! 어 추악한 졸음 귀신을 여기서 쫓아내 주소서. 저는 아직 주 안에서 해야 할 일들이 있습니다."

 그리고 다시 차를 몰고 병원으로 달려갔다. 이후 집에 돌아갈 때까지 졸음은커녕 예전같이 또렷한 정신이었다.

 '아, 그래서 지난 며칠간 그놈의 졸음 귀신이 내 차에 바싹 날라붙어 있었어!'

 "천상에서 저주받고 지상에서 버림받은 더럽고 추악한 놈아! 이제 내가 주의 이름으로 네게 정식으로 명한다. 다시 무저갱으로 쑥 들어가라! 네놈이 나서 설칠 자리가 아니다. 어디라고 감히, 천상천하 이마고 데이, 사람의 생리적 현상까지 이용하여 나를 넘어뜨리려 하느냐?" (2023. 4. 25)

## 식대

어디서 무슨 일을 하다가 보니 점심시간이 되었다. 우연히 친구 둘을 만나 같이 식당으로 갔다. 내가 그들을 대접하려고 마음을 먹었더니, 그들이 먼저 더듬거리며 식대를 좀 빌려주었으면 하는 눈치였다.

그때 내 지갑에 만 원짜리를 한 장씩 접어 넣어둔 돈이 12만 원쯤 있었다. 그중에 석 장을 꺼내 식대를 지급하고, 각자 식판에 밥을 담아 주었다. 그런데 그들이 아침도 못 먹은 듯 2인분 내지는 3인분이나 되는 밥을 더 얹고, 국도 식판에 그냥 퍼 담았다. 하루 한 끼로 저녁까지 때우는 것으로 보였다. 그들은 '광명 도래'와 '종말 민첩'이었다. (2023. 4. 26)

## 순례

지구 순례를 계속하고 있었다. 어느 날 지하실에서 지상으로 올라가려고 발버둥을 쳤으나 힘들었다. 지상에서 어떤 사람이 좀 더 힘을 내라고 격려하며 용기를 북돋아 주었으나 역부족이었다. 그때 누가 옆에서 말했다.

"하체가 상체보다 세 배나 무거워 180킬로그램이나 되니 어찌 나올 수 있겠는가?"

그 말을 듣고 한 청년이 내가 있는 곳으로 펄쩍 뛰어 내려와 말했다.

"내가 뒤에서 밀어줄 테니 어서 올라가십시오!"

그는 구세주처럼 준수했다. 그래서 가까스로 그 지하실에서 빠져나왔다. (2023. 5. 3)

## 잔챙이

어디서 열심히 낚시하고 있었다. 던지면 올라오고 또 던지면 올라오고 기분이 참 좋았다. 단 한 번의 실패도 없었다. 그러다가 그물로 고기를 잡았다. 고만고만한 것들이 가득가득 담겨 올라왔다. 기분이 너무 좋았다. 그런데 어딘가 모르게 걱정이 앞섰다. 이러다가 바다의 고기를 싹쓸이하는 것이 아닌가 싶었기 때문이다.

그러던 어느 날 눈을 들어 주변을 둘러보았다. 이제까지 내가 잡은 고기를 사람들이 쳐다보지도 않았나. 모두 잔챙이였기 때문이다. 도리 뱅뱅이를 만들어 술안주나 아이들 간식으로 먹는 데는 좋았으나 상품 가치는 거의 없었다.

그때 목사 작가 농부라는 내 인생이 그 뒤안길을 돌아보는 듯하여 마음이 쓰리고 아렸다. (2023. 5. 5)

## 평화 보험

어느 단체에서 30만 명이 모여 평화의 기도를 드렸다. 그리고 30만 명이 매월 1만 원씩 납부하는 평화 보험에 가입했다. 그때 나도 그 30만 명 가운데 하나로 들어 있었으며, 그에 따른 1인당 보험금 수령액은 30억 원이었다. 그러니까 30만 명이 매월 1만 원씩 납부한 보험료 30억 원을 어느 한 사람의 보험금으로 지급하는 셈이었다. (2023. 5. 6)

## 난장

허술하기 짝이 없는 닭장 안에 어린 병아리에서 큰 수탉까지 다양한 층의 닭들이 난장판을 벌였다. 닭장 출입구 아래쪽에 개구멍이 하나 보였다. 고양이, 족제비, 쥐새끼는 물론이고 들개까지 들락거릴 정도였다. 우선 급한 대로 옆에 있는 시멘트 블록을 가져다가 대충 구멍을 막았다. 그때 아직 일주일도 채 안 된 어린 병아리가 보였다.

"저들이 이 쌀쌀한 밤을 어떻게 견뎠을까? 품어주는 어미도 없이."

그러고 보니 십여 마리 가운데 너덧 마리가 거기 있었다.

"그래, 저들을 전기 온실로 옮겨주자."

그리고 돌아보니, 어느새 그들이 밖으로 뛰쳐나가 돌아다녔다. 주변에 천적이 많아 이리저리 피해 다니다가 버려진 폐가로 숨어들었다. 겁을 잔뜩 먹고 뒤로 벌러덩 드러누워 움직이지 못했다. 손쉽게 네 마리를 붙잡아 닭장 안으로 집어넣었다.

그때 덩치 큰 황소가 그 비좁은 공간에서 수탉 한 마리를 잡아먹고 있었다.

"원 세상에! 소가 닭을 잡아먹다니!"

그러고 보니 거기 소가 먹을 풀이 없었다.

"세상에, 얼마나 배가 고팠으면."

그때 팔뚝만 한 돼지 새끼 한 마리가 다가왔다가 도망치는 모습도 보였다. 그래서 옆에 있는 자매들에게 소리쳤다.

"얼른 붙잡아 넣어야지."

그러자 자매들이 어머니를 탓했다.

"엄마가 미리 했어야지."

이래저래 난맥상이 계속되었다. 그때 닭장 안의 소는 무릎을 꿇고 잎드려 눈을 감고 있었고, 닭들은 여전히 그 주변을 맴돌고 있었다.

그리고 아침에 일어나 전기 온실을 들여다보니 어린 청계 한 마리가 차가운 밤기운을 이기지 못하고 죽어가고 있었다. 갈고리로 꺼내 묵밭으로 던지며 생각했다.

'고양이 새끼의 한 끼 식사는 되겠군.' (2023. 5. 7)

## 여자

어디서 며칠간 단체생활을 하다가 보니 자유롭게 옷을 벗지 못해 미칠 지경이었다. 이불 속에서 조인 다리를 시원하게 풀고 보니, 여기저기서 살이 꽈리처럼 부풀어 올라 쓰리고 아렸다. 그때 한 자매가 다가와 알코올 소주를 그 상처에 쭉 부었다. 부푼 피부가 한껏 부풀어 올랐다가 푹 꺼지며 가라앉았다. 순간 자매도 사라지고 통증도 말끔히 사라졌다.

그러자 한쪽에서 어린아이들과 함께 무엇을 하고 있던 여자가 다가와 내 옆에 누웠다. 그리고 은근슬쩍 내 몸에 손을 대었다. 기분이 좋은 듯 아닌 듯 이상야릇했으나 한편으로는 불편하기 그지없었다.

'아, 그러고 보니 열 가지 중에서 적어도 두 가지 면에서는 여자가 필요하겠구나!' (2023. 5. 8)


## 개

작은 개가 말했다.
"이번에도 실패하면 알지?"
큰 개가 대답했다.
"이번에는 꼭 성공할 거야!"

그때 작은 개가 자기 입을 한껏 벌렸다. 큰 개가 그 입에 대가리를 들이박았다. 입이 찢어지는 정도가 아니라 몸이 산산조각날 듯했다. 골프공 속에 야구공이 들어가는 것처럼 보였다. 그 옆에 큰 개가 한 마리 더 있다가 그 개의 꼬리를 물고 따라 들어갔다. 순간 그들이 통째로 벌러덩 나자빠졌다.

그런데 그것이 작은 바퀴가 네 개 달린 캐리어 운반차로 바뀌며 덜커덩하고 세워졌다. 그리고 다시 화물차로 바뀌었다.

이것이 구체적으로 무엇을 의미하는지 자세히 알 수는 없었지만, 그 시사하는 바는 매우 크게 다가왔다. (2023. 5. 16)

## 들개

고기를 주문했더니 두 번에 걸쳐 배달되어 두 덩이가 나무에 매달려 있었다. 계산하려고 푸줏간에 들렀더니 직원이 그 고기를 보러 나왔다. 그런데 아뿔싸! 이것이 웬일인가? 그사이 들개들이 그 나무에 매달려 떼거리로 고기를 뜯어 먹고 있었다. 삼지창을 들고 무자비하게 찔러 죽인 후 멀리 집어던져 버렸다.

그러고 보니 뼈다귀에 붙은 살점만 조금 남아 있었다. 어찌할 바를 몰라 직원을 쳐다보니 그도 난감한 표정을 지었다. 그의 봉급이 얼마나 되는지는 몰라도, 자신이 변상하기에는 부담스럽다는 눈치였다. 그래서 내가 한 덩이를 손해 보고, 그가 한 덩이를 변상하는 선에서 마무리하는 것이 어떨까 싶었다. 그때 그가 먼저 말했다.

"저를 보세요. 제가 이렇게 보여도 특전사 출신의 탁월한 군사 교관입니다."

그를 보니 정말 특전사 복장에 대위 계급장을 단 준수한 청년이었다. 문득 특전사 출신의 아들 생각이 나서 내가 그 손해를 감수할까 하고 생각했다. 그때 푸줏간의 다른 직원이 그 남은 고기로 요리하여 먹음직스럽게 두 접시에 담아 왔다. 정성이 깃들어 깔끔하고 맛있게 보였지만, 강한 거부감이 생겼다.

"개들이 먹고 남은 고기를 사람들이 먹어도 되나?"

그리고 보니 지난 5월, 거의 한 달간 과수원 열매솎기를 했다. 그때 벌써 새들이 와서 쪼아 먹은 열매도 보였다. 그래서 새벽기도 가운데 새 퇴치를 위한 대책이 필요하다는 생각이 들었다. (2023. 5. 29)

## 신발 열매

수세가 그리 약하지도 않고 크게 강하지도 않았지만, 그래도 늘 마음을 졸이며 나무를 관리하고 있었다. 밤새 그 작업이 이어지므로 피곤하기도 하고 짜증스럽기도 했다. 그러다가

한 나무를 보니, 귀인에게 선물하기에도 부족하지 않은 풍성한 열매가 달려 있어 안도의 숨을 쉬었다.

이후 여기저기 나무들이 생기를 띠고 무성하게 자라는 모습이 눈에 들어왔다. 내 바로 앞의 나무에 내가 신을만한 적당한 신발이 걸려 있었다. 얼마쯤 떨어진 옆 나무에도 그와 비슷한 신발 열매가 보였다.

가만히 다가가 살펴보니 아주 세밀하게 직조된, 그 어떤 조각가도 그렇게 새길 수 없는, 미세한 섬유 같은 열매에 나지막한 테두리가 조각된, 그 어디에서도 찾아볼 수 없는 신발 열매가 열려 자라고 있었다. 내 발을 들어 거기 맞춰 보니 그야말로 안성맞춤이었다. 오랜만에 나의 신발짝을 찾았다는 생각에 기쁨이 충만했다.

그리고 그사이 쳐다보지 않고 버려둔 모서리에 낀 잎이, 마치 눈에 보이듯 성큼성큼 자라고 있었다. 아닌 게 아니라 금방금방 자라서 잎 하나가 마치 초가집 지붕처럼 크게 되었다. 그 잎 속에 그간 내가 힘쓰고 애쓰며 바라던 모든 것들이 다 들어 있는 듯했다. (2023. 6. 5)

## 빚

평소 빚진 적이 없는 식이 형이 안절부절못하며 말했다.

"정말 미안하지만 조금만 더 기다려 줘."

뭔가 이상하다고 생각은 되었지만 그래도 대답했다.

"언제쯤 되는데?"

"8월쯤이면 나오지 않을까? 미리 신청했으니. 너와 민이 건은 해결할 수 있을 거야."

식이 형과 나, 민이는 심성은 착하나 경제적으로 어려움을 겪는다는 공통점을 가지고 있었다. 우리는 옛 직장 동료로서 한 번도 섭섭한 말을 주고받은 적이 없다. 서로가 도와주고 싶었으나 가진 것이 없어 도움을 주지는 못했다.

'참 이상한 일이네. 내게 무슨 빚을 졌을까? 혹시 그의 도움으로 내가 8월쯤 빚을 갚지 않을까? 1억 중 1천만 원을 예기치 않게 갑자기 갚은 것처럼. 이제 마지막 남은 9천만 원도. 어쩌면 윤리적이고 도덕적이고 양심적인 빚까지.'

이런저런 생각으로 하룻밤을 보냈다. (2023. 7. 7)

## 음란

어느 다소 큰 집에 살고 있었다. 갑자기 양변기에 소품을 빠뜨렸다. 기분이 좀 언짢았으나 손으로 꺼내 씻어 썼다. 그러다가 또 양변기에 물건이 빠졌다. 뭔가 이상하다는 느낌이 들었다. 주변에 음산하고 음침한 기운이 감돌았다.

"이런 더러운 것들이!"

그리고 다시 돌아보니, 내 손가방이 통째로 양변기에 처박혀 있었다.

"이런 추접한 놈들이!"

그리고 손으로 변기에서 꺼내 책상 위에 올렸다. 지갑, 칼, 라이터, 이쑤시개, 마스크, 수첩 등이 들어 있었다. 그런데 거기 평소 보지 못한 것이 하나 더 있었다. 그 옛날 할머니들이 시집올 때 가져오는 자개장처럼 보였으나 그 자체가 섬뜩했다.

"저게 왜 저기 있지?"

그것을 밀쳐 버리고 싶었지만, 그 속에 무엇이 들었는지 몰라 은근슬쩍 자리를 피했다. 그때 뒤에서 내 목을 조르는 놈이 있었다.

"뭐야 이건?"

그러자 그놈이 내 양손을 비틀어 잡고 말했다.

"한번 해야지."

"해! 뭘? 이런 썩을 놈이!"

그리고 고개를 돌려 그놈의 손목을 이빨로 쫙 물었다. 그러자 밖에서 다른 놈이 하나 더 들어와 나를 제압하려고 했다.

"놔! 이놈들아!"

가까스로 그놈들을 뿌리치고 사방 문을 활짝 열었다. 다소 뚱뚱한 아줌마들이 작은 손가방을 하나씩 들고 복도를 지나가며 힐끗힐끗 쳐다보았다. 그러고 보니 그 건물 자체에 음란

한 기운이 감돌았다. 기분이 언짢아 그 집을 얼른 벗어나려고 했다. (2023. 7. 12)

## 산행

　동아리 목사님들과 함께 산길을 따라 내려가고 있었다. 잠시 쉬었다 가자고 하면서 한 목사님이 한적한 곳으로 우리를 이끌었다. 메마른 길옆에 잔디가 자라고 있는 평지가 보였다. 그런데 주변에 버려진 무덤이 많았다. 일부가 파헤쳐지고 훼손되어 으스스한 느낌이 들었다. 오랫동안 방치된 공동묘지로 보였다. 내가 멈칫멈칫하자 다른 한 목사님이 먼저 말을 꺼냈다.
　"나는 무덤을 보면 무서워."
　나도 맞장구쳤다.
　"그래, 나도 무서워."
　그래서 일행은 다시 길을 나섰다. 우리는 이미 많이 걸어서 상당히 지친 상태였다. 한 목사님이 오솔길을 따라 올라오고 있는 여자들에게 물었다.
　"올라오면서 어디 식당이 없던가요?"
　"바로 저 아래, 저 오른편에 있어요."
　그리고 보니 얼마쯤 아래 우측 숲속에 한 건물이 있었다.

거기 들어가 한쪽 구석에 자리를 잡았다. 한 목사님이 주인에게 식사비를 내려고 했다. 그 모습을 보고 내가 얼른 주머니에 있는 비상금 60,000원을 꺼내 주며 주인을 앞으로 끌어당겼다.

주인이 돈을 받더니 종업원 네 명에게 10,000원씩 나눠 주고 자기는 20,000원만 가지고 갔다. 그때 나는 막연한 산행을 하면서 주머니에 돈이 한 푼도 없음을 깨닫고 약간 두려움을 느꼈다.

'내가 무리했나?' (2023. 7. 17)

## 고독

그리 적지 않은, 다소 큰 방에서 목사님 두 분과 함께 지냈다. 한 사람은 교계에서 명성이 높은 은퇴 목사님이고, 다른 한 사람은 신장이 훤칠한 현역 목사님이었다. 그때 내 모습을 보니 참으로 민망했다. 겉옷을 벗고 부끄러운 나리를 노출하고 있었다. 다행히 살색 순면으로 속살을 가려 확연히 드러나지는 않았다.

무슨 이야기를 나누다가 식당으로 가려고 했다. 은퇴 목사님은 무슨 일로 숙소에 남고, 현역 목사님은 나와 함께 밖으로 나왔다. 그런데 얼키설키 엮어놓은 철봉 같은 놀이시설 장애물이 비탈진 언덕에 세워져 있었다.

그때 얇은 플라스틱 합판 같은 것이 나에게 있었다. 무게는 가벼웠으나 부피가 있어 그걸 들고 장애물을 넘기에는 부담이 되었다. 그 목사님이 그 합판을 들더니 앞에 있는 청년 집사에게 던져주며 말했다.

"최 집사가 이걸 들어!"

그래서 나는 그 짐을 들게 되었다. 그럼에도 나는 그 장애물을 넘지 못하고 허우적거렸다. 그러자 그 목사님이 내 앞을 가로질러 순식간에 사라져 버렸다. 가까스로 언덕을 넘어서니 작은 창문이 있었다. 그 문을 열어 보니 너무 비좁아 빠져나갈 수 없었다.

"이제는 도저히 안 되겠어."

그때 바로 아래 조금 큰 문이 보였다. 앞으로 밀자 쉽게 열렸다.

"옳지, 이리 나가면 되겠군. 그런데 무거운 내 몸을 어떻게 저리 집어넣지?"

그리고 옆을 보니 바로 옆에 정식 출입문이 있었다. 왼손으로 손잡이를 잡고 돌리자 쑥 열렸다. 그래서 언덕을 지나 밖으로 나갔다. 속이 시원했다. 그런데 그사이 내 주변의 사람들이 하나도 보이지 않았다. 잔디가 깔린 마당에 나만 홀로 우두커니 서 있었다.

그때 내 몸을 보니 부끄러운 부분은 부드러운 면으로 가려져 있었으나, 그 장애만은 그대로 노출되어 있었다. 빈약한 하체와 부담스러운 상체가 더욱 내 마음을 무겁게 짓눌렀다. 게다가 나 혼자밖에 남지 않았다는 사실에 극한 고독감이 밀려왔다. (2023. 7. 23)

## 옛 뱀

평소 사람으로 보이다가 가끔 뱀으로 나타나는 괴물이 나와 함께하면서 나를 힘들게 만들었다. 특히 그놈이 연약한 자의 모습으로 죽어갈 때는 내 연민의 정을 한껏 발동하곤 했다. 아닌 게 아니라 오늘도 그 괴물이 죽어가고 있었다. 내 주변에는 아무도 없었다. 얕은 그 물속에서 축 늘어져 의식을 잃어 가는 놈을 보니 뱀처럼 길쭉했다.

'어쩌겠는가? 아무리 그래도 불쌍하니!'

비록 물은 얕았으나 그 속에서 숨을 쉬는 기색도 없고 미동도 없어 그대로 두면 이에 죽을 것 같았다. 그래서 물가로 끌어내 한쪽 구석에 두었다. 몸통이 두 동강 났는지 아니면 처음부터 두 마리인지 불투명했으나 두 놈을 포개 놓았다. 하나가 디딜방아만 했다. 그리고 내가 있던 곳에 돌아가려고 보니, 얼룩덜룩한 남방을 걸친 놈이 뒤돌아 앉아 칼을 갈고 있었다. 아주 큰 칼이었다. 섬뜩했다. 나는 빈손이었다. 아무것도 가진 것이 없었다.

'저놈이 저 칼을 들고 덤비면?'

생각만 해도 끔찍했다. 주변을 둘러보니 사방이 철망 울타리로 처져 있었다. 올려다보니 까마득했다.

'어쩌겠는가? 그래도 살아나려면 저 울타리를 넘어 산으로 도망갈 수밖에.'

그때 잠에서 깨어났다. 밤 10시였다.

'나는 그놈에게 연민의 정을 베풀었을 뿐인데.'

갑자기 무서운 생각이 들었다. 최근에는 이런 꿈이 없었는데 불길한 예감이 밀려왔다.

'내 영력이 떨어졌단 말인가?'

내가 평소 기도하는 강대상 쪽을 바라보았다. 찬바람이 휑하니 불고 지나갔다.

'오, 주여! 주님의 긍휼하심만이 종의 살길입니다. 불쌍히 여겨 주소서. 저 옛 뱀의 손아귀에서 저를 구원하소서.'

(2023. 7. 24)

## 비움의 훈련

"주님, 저에게 시간을 좀 더 주십시오. 지상 최고의 영성가로 신실하게 살아보겠습니다."

2023년 8월 16일 새벽, 사도 바울의 몸을 찌른 가시가 나에게 또 임하여 다리를 콕콕 찌르기 시작했다. 밖으로 드러나지 않은 실체 없는 아픔이요, 깊숙이 감춰진 허상 속의 고통이다. 하지만 무지무지하게 지독한 놈이다. 정말 환장할 노릇이다.

너무 다급한 나머지 결국 응급실을 찾아 트리돌[7] 주사를 두 방 맞고 돌아왔다. 씻은 듯이 통증이 사라졌다. 이제까지 늘 그렇게 살아왔다. 하지만 근래에는 약으로 대체하여 병원을 찾지 않았다. 그래서 농장에 나가 태풍으로 떨어진 과일을 마저 수거하고, 수간 사이에 약을 살포하여 제초 작업도 마쳤다. 땀을 많이 흘려서 그런지 몸이 어질어질했다.

그때 또 그놈의 몹쓸 가시가 찾아왔다. 저녁 6시에 응급실을 찾아 다시 주사 맞고 돌아왔다. 그리고 씻고 잠자리에 들었다. 그런데 이번에는 그 약이 잘 듣지 않았다. 진통이 그칠 줄을 몰랐다. 찌릿찌릿한 전기 고문에 콕콕 쑤시는 가시 통증이 계속 이어졌다.

예배낭에 나가 기도하기 시작했다. 방문만 열변 기도처라 편리했다. 하지만 기도도 몸과 마음이 편해야 할 수 있다는 사실을 알았다. 교회당 안에서 이리저리 배회하다가 장의자 위에 푹 쓰러졌다. 죽은 듯이 푹 자고 싶었으나 그럴 수가 없

---

[7] 유한양행의 주사제로 마약 성분이 조금 들어간 중증 진통제라고 들었다.

었다.

죽으면 죽으리라는 심정으로 미리 지어놓은 숱한 약을 찾아 이것저것 골고루 먹었다. 정말 환상통은 환장할 노릇이었다. 병명이 뚜렷하지 않아 치료제도 없고 진통제만 써야 하는 고질적 난치병이다.

무턱대고 먹은 약에 취해 통증은 다소 줄어들었지만, 어지럼증에 간헐적 쏙심질이 뒤섞여 잠을 자는 것도 아니고, 그렇다고 깨어있는 것도 아니고, 그저 그렇게 몽롱한 상태로 밤을 지새웠다. 오랫동안 기도하며 준비한 수도학교 수업을 앞두고 있었는바, 다시 기도할 수밖에 다른 도리가 없었다.

"주님, 아시다시피 오늘 수도학교 수업으로 아침 일찍 출발해야 합니다. 어찌해야 합니까? 이것이 수도원에 나가지 말라는 하나님의 계시입니까? 아니면 수도사의 길을 시작하기에 앞서 방해하는 사탄의 수작입니까?"

하지만 그에 대한 응답은 없었고, 대신 이렇게 물으시는 듯했다.

"네가 지상 최고의 수도사가 될 수 있다고 생각하는가?"

"주께서 선히 여기시면, 불가능한 일은 없다고 봅니다. 저 같은 자도 영성 대가가 되지 말라는 법은 세상에 없다고 봅니다."

그때 나는, 비록 최고는 아니지만, 이미 영성가의 반열에 들었으며, 적어도 열 번 이상 죽음의 문턱을 넘나든 경험과, 사후의 세계를 잠시나마 맛본 임사 체험이 생각났다. 아인슈타인의 말이 뇌리를 스쳤다.

'신은 주사위 놀이를 하지 않는다.'

"아멘, 주 예수여! 주께서 선히 여기시는 대로 저에게 이루어지기를 바랍니다."

그리고 수도원에 메시지를 보냈다.

'제가 갑자기 부득이한 사정이 생겨 오늘 수업에 참석하지 못할 것 같습니다. 죄송합니다. 다음에 뵙겠습니다.'

그러자 즉시 전화가 왔다. 사정을 얘기하고 양해를 구한 후 다음 달 수업부터 참석하겠다고 했다. 원장님이 위로와 격려를 아끼지 않았다.

"큰일을 하실 분이니 아프지 않고 건강하셔야 합니다."

"감사합니다."

그리고 어제 자동차를 정비공장에 맡겼던바, 자매를 거기 태워다 주고 다시 병원을 찾았다. 새로운 주사를 맞고 5일치 약을 지어 왔다. 그리고 자리에 누웠다가 저녁 9시가 넘어 일어났다. 한나절쯤 죽었다가 다시 살아났다. 자매가 말했다.

"무슨 잠을 그렇게 많이 자요?"

'잠은 아무나 자나? 빌어먹을!' (2023. 8. 18)

## 빨간 명찰

마을 이장이 오랫동안 기다려 줌으로써 비로소 내가 일을 할 수 있게 되었다. 그동안 무슨 기계를 수리한 것 같았다. 그때 내 주변에 있는 몇 사람이 그 일에 동참하여 팀워크를 갖추게 되었다. 그러자 이장이 돈 이야기를 꺼냈다.

"실제 비용은 13,300원이나 15,600원을 부과했으니 그리 아세요."

그때 2,300원의 차액이 다소 궁금하긴 했으나 그동안 뭔가 찜찜한 일이 속 시원히 해결된 듯했다. 그러자 내 유니폼이 주어지고 거기 달린 빨간 명찰이 유달리 돋보였다. 그런데 내 직책이 '신약'이었다. 익숙한 단어이긴 했으나 어딘가 모르게 어색했다. 한동안 내가 쓰던 목사나 작가, 농부가 아니었다. 아닌 게 아니라 그 말을 쓴 사람도 많이 고심한 듯했다.

'이게 뭘까? 신약 성경을 많이 공부한 사람이라는 뜻일까? 아니면 〈예수 복음〉 저자?'

이런저런 생각이 많이 떠올랐지만, 아무것도 확실치 않아 고개를 가로저었다.

"아니야, 아니야! 그것도 아니야!" (2023. 11. 12)

## 후원금

어딘지 기억은 없지만, 후원금 302,000원을 계좌로 송금했다.
'그런데 우수리 2,000원은 뭐지?'
그러나 정작 더 마음에 걸리는 것은 300,000원이었다.
'100,000원도 아니고, 좀 부담스럽기는 하네. 아직 갚을 빚이 많은데? 하지만 이미 흘러간 물, 이제 와서 신경 쓰면 뭘 해.'
그리고 얼마 후 다시 803만 원을 계좌 송금으로 후원했다. 아무리 생각해 봐도 참 어이가 없었다.
'803만 원이라? 지금 내 형편에. 하루라도 빨리 빚에서 벗어나려고 발버둥 치는 이 마당에! 그리고 또 그놈의 우수리 30,000원은 뭐지?'
이는 비몽사몽간에 꿈을 꾼 것이다. 하지만 그것이 어떠한 형태로든 대부분이 이루어지는 현실적 계시라는 사실을 알고 있었던바, 내 상식에 맞지 않는다는 이유로 불평하고 불만을 표시한 것이다. 그러면서도 스스로 위안을 찾기 시작했다.
'그래, 이건 현실이 아니고 꿈이야! 통장 잔액도 80만 원밖에 없잖아? 좀 더 정신을 가다듬고 살면 될 거야!'
그렇게 안도의 숨을 내쉬며 스마트폰을 열어 보니 4시 20분이었다.
(이후 이것이 우리 중의 한 자매가 어떤 기업형 왕의 단체에 깊이 세뇌되어 그 돈을 빼돌려 매월 후원하는 것으로 드러났다. 하지만 나는

아무것도 모른 척하고 그냥 있었다. 나도 그와 같은 놈이 될까 두려웠기 때문이다.)

'아, 이래저래 피곤하네. 새벽 예배에 나오는 사람도 없고 하니, 오늘은 정해진 기도 시간까지 한 시간쯤 더 자고 일어나자.'

그리고 자세를 가다듬어 돌아누웠더니, 어디서 나를 부르는 소리가 들렸다. 이상하다 싶어 귀를 기울였더니, 다시 내 이름을 부르는 소리가 들렸다. 문득 어린 사무엘이 생각났다. 그래서 벌떡 일어나 자리를 정돈하고 앉았다.

"주여, 말씀하소서. 제가 듣겠습니다."

모든 것이 잠잠했다. 다시 말했다.

"주여, 말씀하소서. 제가 지금 듣고 있습니다."

역시 잠잠했다. 아무 소리도 들리지 않았다. 어떤 감동도, 무슨 느낌도 없었다. 그때 문득 생각나는 바가 있어 전기담요 스위치를 끄고 가습기 스위치를 뽑았다. 스타킹과 양말을 찾아 신고, 선반을 짚고 자리에서 일어나 밖으로 나갔다. 2층 다락으로 올라가 이런저런 생각에 깊이 잠겨 기도하며 회개했다. 그리고 거룩한 성호를 그었다.

"오, 주여! 이 부덕한 종을 용서하소서. 저에게 자비를 베푸소서. 아기사자(我旣死者) 예수 내주(內住), 저는 이미 죽었습니다. 주님이 제 안에 사십니다. 아멘." (2023. 11. 18)

## 점심

 오랜만에 옛 사무실을 찾았다. 자리를 재배치하고 점심을 먹으러 직원들과 함께 출입구로 나갔다. 아직 정리하지 못한 내 짐이 몇 개 더 남아 있었다. 입구에 여직원 책상이 두어 개 보였다. 그 위에 적당한 자리가 있어 우선 내 짐을 거기 올려놓았다. 그리고 밖으로 나갔다. 그런데 내 신발이 보이지 않았다. 한 동료가 물었다.
 "신발이 없어요?"
 "그러네요, 며칠 전에도 내 운동화가 사라져 오늘 새 구두를 맞춰 신고 나왔는데, 이것이 무슨 야로인지 참!"
 그들은 식사하러 가고, 나는 다시 사무실로 들어가려고 했다. 그때 맨 안쪽 구석에 작은 신발장이 보였다. 혹시나 하고 열어 보니, 아닌 게 아니라 맨 아래쪽에 내 구두가 가지런히 놓여있고, 그 옆에 여직원 신발도 나란히 있었다.
 여직원이 출근하면서 바닥에 있는 내 구두를 자기 신발과 함께 거기 넣어둔 것으로 보였다. 오늘 나는 맨 먼저 출근했고, 그 여직원은 내 다음으로 사무실에 들어왔다. 그래서 내 신발을 꺼내 신고 식당으로 갔다. 하지만 그 여직원은 보이지 않았다. 자세히 모르긴 해도, 실내화나 가벼운 샌들을 신고 어디를 간 것으로 짐작되었다. (2023. 11. 23)

## 담배

　어느 단체의 모임에 참석하려고 갔다. 그런데 조금 떨어진 신작로에서, 일부 목사들과 함께 담배를 피웠다. 어떤 사람이 한 개비를 요구하여 기꺼이 꺼내 주면서 보니, 서너 개가 남아 있었다. 그가 말했다.
　"알고 보면 이 담배 하나에 3,500원입니다. 벌써 두 개비니 7,000원이네요."
　"아, 그렇군요. 상당히 비싸군요."
　(나는 청년 때 뻐끔담배를 조금 피우다가 끊어서 지금은 담뱃값이 얼마인지 모른다. 하지만 현실과 달리 가상 세계에서만 여전히 담배를 피운다. 아닌 게 아니라 지금도 가끔 담배를 피우는 모습이 꿈에 나타나 나를 어리둥절하게 만들고 있다.)
　그리고 신작로를 따라 얼마쯤 올라가니 마을 운동장이 보였다. 거기 사람들이 모여 있어 그들과 합류했다. 그들이 삼삼오오 모여 무슨 이야기를 나누고 있었다. 그들 중에서 어떤 사람이 우리를 보고 대뜸 소리쳤다.
　"에이, 아직도 담배를!"
　그때 나는 너무 부끄러워 그곳을 떠날 수밖에 없었다.
(2024. 1. 18)

## 졸음

평소 목회자 모임에서 헌신을 아끼지 않던 목사님이 갑자기 말을 잃고 우리와 동떨어져 지냈다. 그러다가 좁고 긴 판자를 들고 한 헛간으로 들어가는 모습이 보였다. 무슨 사정이 있으려니 생각했다.

얼마 후 그곳을 지나가며 보니, 그가 판자에 걸터앉아 좁은 하수구에 머리를 처박은 상태로 졸고 있었다. 인기척에 우리를 한번 힐끗 쳐다보더니 더욱 머리를 조아리고 졸았다.

이것이 무엇을 의미하는지 몰라 기도했더니, 그의 모습이 지금의 나처럼 느껴져 매우 당황스러웠다. (2024. 1. 20)

## 기도

고향 마을에서 열심히 전도하고 있었다. 목사님과 집사님에게 전화한 후 그들을 태우기 위해 차를 놓고 이웃 마을 초등학교로 갔다. 무슨 사유인지 모르지만, 목사님은 나오지 않고 집사님만 직장에서 일하다가 나왔다. 그 사실을 전화로 확인하고 그를 만나려고 찾았더니, 의복 정제하고 단정한 모습으로 내 바로 옆에 와 있었다. 그때 그도 나를 찾고 있었다.

그리고 새벽예배에 참석했다. 예상 밖으로 많은 사람이 참석해 놀랐다. 가족 단위로 남녀노소 불문하고 속속 모여들었다. 그때 우리 지역연합회 회장 목사님이 휠체어를 타고 앉아 나에게 기도를 부탁했다.

그의 오른쪽 다리를 잡고, 그와 그 아내와 함께 눈물로 간절히 기도했다. 그 목사님은 50대 초반으로 아직 나이는 젊었으나 오른쪽 다리가 말라비틀어져 걸을 수 없었다. 하지만 다른 큰 지역연합회 회장 목사님은 그날 설교자로서, 다소 시간이 지났음에도 보이지 않았다.

이것이 무엇을 의미하는지 몰라 기도했더니, 그의 현재 모습이 내 직전의 모습처럼 느껴져 안타까운 마음이 들었다.

(2024. 1. 21)

## 임신

신장이 1미터도 채 안 되는 작은 여자애가 있었다. 송구공을 아랫배에 넣은 듯 배가 볼록 튀어나와 뒤뚱거리는 모습이 너무 안타까웠다. 게다가 아직 어머니의 품이 그리운 꼬마들이 치근대며 그 앞을 걸어가고 있었다. 그러고 보니 어린 여자애가 작은 아기를 두 번이나 연거푸 낳고 또 임신한 것으로 보였다.

'아, 세상에 어찌 이런 일이?'

그 모습을 보고 자리에서 벌떡 일어나 기도하게 되었다. 그 작은 여자애가 우리의 가족이나 친척 가운데 하나로 느껴지기도 하고, 어쩌면 우리나라의 정치 현실 같기도 하여 매우 안타까웠다.

'오, 주 예수여! 주님의 긍휼하심만이 우리 가족이 살고, 우리나라와 우리 민족이 살길입니다.' (2024. 1. 28)

## 제4편

# 삼각산
- 오푸스 데이

# 불

오대양 육대주를 무대 삼아 활약하는 미모의 자매가 있었다. 어느 날 옛집 안방에서, 덕지덕지 붙은 벽지 사이로 불꽃이 튀더니 급기야 화재가 발생했다. 모든 사람이 허둥대며 소화기를 찾았다.

언젠가 한쪽 구석에 작은 소화기를 둔 기억이 나서 손을 뻗쳐 보니 과연 거기 그대로 있었다. 부엌에서 핀을 뽑고 벽지 사이로 소화액을 뿌리기 시작했다. 그사이 사방으로 불이 번져 끄기가 만만치 않았다. 하지만 얼마 후 그럭저럭 불길이 잡혔다.

그래서 밖으로 나가 보니, 한 단체의 대표자로서 그 미모의 자매가 깃발을 세우고 있었다. 내 이름이 맨 위에 걸려 있었고, 그다음에 '다시 사용'이라는 친구의 이름이 새겨져 있었다. 그가 나를 보고 말했다.

"불을 발견한 것은 내가 먼저인데."

그는 내가 더 귀하게 여김을 받는 것이 못내 아쉬운 듯했다. 하지만 나이로 보나, 경륜으로 보나 그보다는 내가 한 수 위로 여겨졌다. 그때 내가 그 자매에게 가까이 다가갔다. 그녀의 호응도 그리 나쁘진 않았다. 그러다 보니 그 친구와 나 사이의 관계가 더욱 묘하게 꼬이고, 기분도 별로 좋지 않은 듯하여 자리에서 일어났다.

언제 어디서나 동서고금을 막론하고, 여자가 낀 남자의 세상은 두말할 것도 없고, 남자가 낀 여자의 세계도 불편하기는 마찬가지였다. 그래서 수사들의 수도원과 수녀들의 수녀원이 분리되지 않았나 싶었다. (2024. 1. 31)

## 거지 근성

머리가 그리 길지는 않았으나 명절을 앞두고 미용실에 들러 자르고 나왔다. 그때 누가 내 차 앞에 자전거를 바싹 붙여 놓고 기다리고 있었다. 기분이 언짢았다. 그러고 보니 어떤 사람이 담배를 피우며 차 주변을 맴돌고 있었다. 바로 그 친구였다.
"어이구, 오랜만이네요. 그간 어디 갔다 왔어요?"
"아니요, 여기 살고 있었어요."
"그런데 어찌 그렇게 보이질 않았어요?"
그가 다른 말은 다 귀찮다는 듯이 잘라 말했나
"5,000원 있어요?"
그는 나를 만날 때마다 다짜고짜 돈을 요구하는 거지 근성이 있었다. 처음에는 2,000원, 다음에는 3,000원, 요즘은 5,000원으로 그 금액이 올랐다. 그것이 담뱃값 기준이었기 때문이다.

"목사님, 담배가 떨어졌어요."

이렇게 그는 만만한 사람만 만나면 담뱃값을 요구했고, 그렇게 한두 번 주면 아예 찾아다니며 요구하는 버릇이 있었다. 그것도 그에게는 은사인지, 아니면 못된 버릇인지 모르지만, 아무튼 각박한 세상을 살아오면서, 그만이 터득한 나름의 지혜요, 삶의 요령이었다.

얼마 전 터미널 권사님이 한 말이 생각났다.

"그에게 돈 주지 마세요! 습관이 돼서 아주 나빠요."

그 말이 생각나서 딱 잘라 말했다.

"명절 지나고 한번 봅시다."

(나는 이 약속을 지키기 위해 추석 명절이 끝난 후 그에게 20,000원을 주었다.)

그러니까 15년 전, 그는 자기 이름밖에 모르는 사람이었다. 일가 창립과 아울러 기초생활수급자가 될 때까지 1년간 그를 돌봐주었다. 바로 그가 우리 교회 차를 발견하고, 그 앞에 자전거를 세워두고 나를 기다린 것이다. 오직 돈을 받을 목적으로.

그 친구의 그런 태도가 마음에 들지 않아 그렇게 말은 했지만, 마음이 영 편치를 않았다. 교회로 돌아가면서 곰곰이 생각했다.

'아무리 큰 은혜를 받아도 거지 근성을 버릴 수 없으니 어쩌면 좋단 말인가? 아, 그러고 보니, 이것이 바로 하나님 앞에 선 우리 모두의 모습이 아닐까? 십일조 헌금을 제대로 하나? 감사헌금을 온전히 하나? 그저 평생을 거지처럼 달라고만 손 내미는 우리 교인들, 그렇다고 겸손하기라도 하나? 교회 목사를 만났으면 담뱃불이라도 꺼야지. 이제 먹고 살 만하니 그렇게 거만하고 기고만장하니. 오, 주 예수여! 저희에게 자비를 베풀어 주십시오. 주님의 긍휼하심만이 우리들이 살길입니다.' (2024. 2. 8)

## 역전

공익사업 단체에서 지도자를 뽑는 선거가 있었다. 개표 상황을 보니 한 사람에게 표가 집중되었다. 큰 수양버들 같은 나뭇가지에 후보자의 득표수가 오색 열매로 맺히고 있었다. 우리는 그 나무 아래서 시시때때로 달라지는 열매를 지켜보고 있었다. 예상한 대로 저명한 그에게 열매가 많았다. 모두 당연하다고 여겼다.

그런데 막판에, 그 아래쪽 가지로 열매가 쏠리고 있었다. 의외라서 모두가 다 놀랐다. 그 가지의 주인공은 그 유력 인사의 후배로서 예기치 못한 결과에 모든 사람이 어리둥절했다. 결국은 그가 역전함으로써 지도자로 당선되었다.

그때 주변을 둘러보니, 그 사람이 바로 나처럼 느껴져 매우 당황스러웠다. (2024. 2. 9)

## 반려견

아파트에 사는 애들이 집안에서 키우다가 알레르기 문제로 가져온 발바리를 그 어미가 어쩔 수 없이 받아 키우고 있었다. 자매도 평소 개고기는 좋아했으나 개털은 싫어하여 집안에서 키우는 개를 끔찍이 싫어했다. 하지만 자기 애들을 봐서 부엌에서 그 개를 키웠다.

나는 그놈이 징그럽게도 싫었다. 그래서 그런지 나만 보면 앙칼지게 짖어대고 인상을 찡그리며 으르릉거렸다. 하지만 어쩌겠는가? 하나님께서 허락하신 인내와 연단과 침묵의 훈련이라 생각하고 꾹 참으며 지냈다.

그러던 어느 날, 밖에서 돌아와 부엌문을 열어 보니, 그놈과 비슷하게 생겼으나 털 색깔이 약간 누르스름한 놈이 또 한 마리 있었다. 나도 모르게 소리를 꽥 질렀다.

"아니, 이놈의 개새끼가 또 한 마리!"

그러자 개들이 꼬리를 낮추고 슬그머니 뒷걸음질 치며 물러났다. 온몸을 부들부들 떨면서 긴장하고 있었다. 그 모습을 보니 한편으로는 불쌍하기도 했다. 옆에 있는 먹이통인지 물통인지 모르지만, 누리끼리한 구정물이 담긴 통을 그 옆으로 밀어주었다.

그때 백구가 온몸을 들썩들썩하며 토하는 듯했다. 하지만 대놓고 뱉어내지 못해 도로 삼키고 있었다. 목까지 넘어온 음식물을 억지로 삼키며 내 눈치를 살폈다. 그러다가 내가 떠나는 것을 보고 그 물통에 불순물을 뱉기 시작했다. 그리고 그 물을 철썩철썩하며 도로 핥아먹었다. 입을 가시는 것처럼 보였지만 정말 지저분하기 짝이 없었다.

그럼에도 드러내놓고 속 시원히 말 못 하는 개가 불쌍하게 느껴졌다. 뭔가 모르지만, 인간의 감정까지는 아니더라도, 무슨 생각이 있을 것으로 보였지만, 그것을 헤아리지 못해 답답하기 그지없었다. (2024. 2. 27)

## 배려

어떤 유대인이 우리 한국인을 각별하게 사랑하며 배려했다. 우리 민족의 허물을 덮어주고 지원을 아끼지 않았다. 우리도 그 은혜에 대한 보답을 아끼지 않았다. 우리가 70개의 선물을 받고 최대한 예의를 갖춰 감사를 표했더니, 그들은 72개로 늘려 다시 돌려주었다. 참으로 아름다운 모습이 세속 연출되었다. (2024. 2. 28)

## 심방

　오늘은 주일이고, 우리 교인은 모두 네 가정이었다. 각자의 사업과 직장으로 인해 평일에는 심방이 어려웠다. 그래서 오후 예배를 드린 후 모든 가정을 한꺼번에 돌기로 했다. 그들의 집도 세 개 구역으로 모두 흩어져 있었다.

　오늘 새벽에 환상을 보았다. 역시 심방에 관한 일이었다. 대형 버스 네 대가 동원되어 부산, 대구, 광주, 대전으로 이동할 계획이었다. 우선 본부가 있는 서울에 교인들이 속속 모여들었다. 간단히 요기한 후 바로 출발하려고 했더니, 식탁 위에 음식이 정식으로 차려졌다.
　그때 주변이 상당히 어수선했다. 적절한 통제가 어려웠다. 예상 밖으로 많은 사람들이 모여들었기 때문이다. 지도자인 나부터 무엇을 어떻게 해야 할지 몰라 허둥거렸다.
　"자, 얼른 식사하고 서둘러 출발합시다. 지체하다간 저녁 8시에도 마치지 못할 수 있어요."
　그리고 사방을 둘러보니, 맞은 편 가운데 의자에 내가 청년 때 섬긴 원로 목사님이 앉아 있고, 그 옆자리가 비어 있어 식탁을 삥 돌아가서 앉았다. 그러자 내 좌편에는 젊은 전도사가, 우편에는 그 목사님이 있었다.
　그때 이쪽저쪽 번갈아 가며 대화를 나누다가 밖으로 나가니 그 목사님도 따라 나왔다. 그래서 예정에 없었지만, 문득 생각이 나서 말했다.

"오늘 네 번의 예배 중에서 한 번쯤 설교해 주실 수 있습니까?"

"내가 왜? 사례금은 얼마나 주나?"

예상치 못한 답변에 어리둥절해서 머뭇거리니, 그가 서둘러 지하차도로 내려가려 했다.

"아니, 그냥 가시려고요?"

"아니야, 아니야! 그게 그러니까!"

그러고 보니 속이 안 좋은 듯 배를 움켜잡고 어딘가 급히 가려는 듯했다. 그래서 그냥 보내드리고 돌아서니, 대구에서 안내 대원들이 막 도착했다. 그 가운데 청년 서너 명이 있어 그들에게 말했다.

"어서 올라가 식사하세요. 곧 출발해야 합니다."

그러자 옆에서 한 사람이 말했다.

"내일 칠순 잔치에 갈 버스를 불렀는데, 시간이 여의치가 않을 듯해서요!"

그야말로 사전 준비 없이 큰 행사가 갑자기 밀어닥쳐 이런저런 난맥상이 계속 이어졌다. 그래서 어떻게든 빨리 심방이 끝났으면 하고 생각하던 차에 새벽기도 시간이 되어 자리에서 일어났다.

'음, 오늘 심방 예배를 위해 기도해야 할 것 같아. 교인들이

적든 많든 간에.'

그래서 네 가정의 심방은 그날 모두 마쳤으나, 얼마 후 예기치 못한 사건이 생겨 더 이상 그들을 방문할 기회가 없었다. 이 또한 믿음이 적은 교인에다 자질이 부족한 사모의 경솔함이 그 원인이었다.

하지만 하나님의 관점에서는, 그 이유 여하를 불문하고, 한 교회를 위임받은 담임목사의 부덕하고 못난 탓이었다. 이것을 나의 믿음과 그 용량에 맞춰 미리 계시로 보여주신 것이다.
(2024. 3. 3)

## 영적 나태

우리 교회의 닭들이 내리막 골목길을 따라 달아나고 있었다. 뭔가 아쉬웠지만, 그냥 바라만 볼 수밖에 없었다. 여섯 마리 가운데 네 마리는 그렇게 나를 두고 떠나고 두 마리만 남았다. 그런데 나를 떠난 그 닭들이 무엇을 보고 깜짝 놀라 급히 돌아오더니 다시 닭장 안으로 들어가는 모습이 보였다.

그때 그 뒤에서 아장아장 걸어오는 앙증맞은 짐승이 있었다. 어쩌면 노루나 사슴 같기도 하고, 걸음걸이를 보니 캥거루 같기도 하며, 그 얼굴을 보니 천진난만한 어린아이 같기도

했다. 그에게 정신이 팔려 닭들에게는 관심이 없었다. 어떻게든 그를 붙잡아 키우고 싶었다. 닭장 옆에 그를 키울만한 작은 공간도 있었다. 우선 거기 잡아넣고 먹이를 주려고 찾아보았다.

그런데 그 옆을 보니 닭장 문이 열려 있었다. 하지만 닭들은 그대로 안에 있었다. 닭장 문을 닫고 주변을 살펴보았다. 그때 골목길 아래에서 한 짐승이 올라오고 있었다. 배가 축 늘어진 고양이였다. 어쩌면 새끼를 밴 듯했다.

그놈이 마치 호랑이 새끼라도 되는 양, 낮은 포복 자세로 어슬렁어슬렁 거만하게 걸어왔다. 한편으로는 주변을 두리번거리며 매우 조심스럽게 다가왔다. 그러고 보니 그놈을 보고 닭들이 놀라 다시 닭장으로 돌아온 듯했다.

그때 나는 한숨이 절로 나왔다. 우리 닭장을 보니 내가 어릴 때 할머니와 같이 살았던 판잣집같이 너무 낡고 허술했기 때문이다. 판때기 곳곳이 썩고 떨어져 나가 고양이나 족제비, 심지어 들개까지 들어가 닭을 해칠 수도 있었다.

게다가 그 옆에 붙잡아 넣은 작고 예쁜 그 짐승까지 위험해 보였다. 그도 그럴 것이, 그 낡은 닭장을 반으로 칸을 막아놓은바, 이쪽이나 저쪽이 허술하기는 다 마찬가지였다.

'아, 이걸 어쩌나? 시간도 없고 재료도 없으니!'


그때 지난 20년간 이어진 나의 이모작 목회 사역, 지금 우리 교회의 사정과 형편을 그대로 보는 듯했다. 하지만 나는 여전히 이런저런 타성에 젖어 있고, 삼모작 수도 사역에 작은 기대를 걸고 있으나, 그나마 자신도 없고 열정도 없고 희망도 없고, 그저 그렇게 나약하고 맥 빠진 모습, 아케디아(acedia)[8]에 깊이 빠진 나만 보였다. (2024. 3. 12)

## 과일

어느 과일 가게 앞에서 거의 다 썩은 나무상자를 주워 쓰레기통에 넣었다. 그때 주인이라는 청년이 나타나 말했다.

"왜 버리는 거요?"

"쓰레기잖소?"

"쓰레기? 우리는 이보다 더한 것도 잘 쓰고 있소!"

그때 옆에 있던 사람이 택배 상자를 보여주며 말했다.

"여기 있으니 보시오!"

"그러면 어쩌면 좋겠소?"

"변상하시오!"

그래서 지갑에서 50,000원을 꺼내 주니 그가 잔돈으로

---

[8] 이집트 사막의 수도자, 에바그리우스(Evagrius Ponticus, 345~399)의 여덟 가지 죄의 뿌리 가운데 여섯 번째로, 나태, 낙심, 우울 등 다양한 뜻이 있다.

47,000원을 거슬러주고 떠나갔다. 그것이 너무나 당연하다는 듯한 그 태도에, 나는 한동안 그 자리에 멍하니 서 있었다. 돈에 대한 인식의 차이가 나와 너무 달라 혼란스러웠다.

그리고 나는 내 가게로 돌아왔으나 썰렁하기 그지없었다. 몇 개 남은 과일을 쭉 둘러보았다. 그때 복숭아와 사과 등이 축구공만 하게 커져 한 칸에 두 개씩 들어 있었고, 칼집을 내어 맛을 보고 택배 상자에 넣어놓은 모습도 보였다.

그때 엘리사의 기름병같이, 예수님의 오병이어처럼, 그 작은 진열대에서 과일을 꺼내면 그대로 생기고, 또 꺼내면 그대로 생겨나기를 반복했다.

"아, 이를 우짜든 좋노? 무상으로 무한정 택배로 보내준다고 할까? 아니지, 그러면 택배비는? 인건비는?"

하나님의 은혜로 큰 수익을 올려 대박을 터뜨릴 생각은 추호도 없었지만, 그놈의 비용 문제로 또 골머리가 아팠다. 이래저래 잡다한 생각에 사로잡혀 인생만 허비하고 있었다.

'아! 이제는 정말, 부자에 대한 분노도 싫고, 빈자에 대한 미련도 없다!'

그때 한 수도자의 말이 생각났다.

'가진 것도 없지만, 필요한 것도 없습니다.' (2024. 3. 15)

## 아기사자

오, 주 예수여!
하나님의 아들이시여!
나의 모든 것, 그리스도시여!
저는 죄인입니다. 불쌍히 여기소서.
주의 긍휼하심만이 저의 살길입니다.
아기사자(我旣死者) 임동훈!
예수 내주(內住) 하소서.
예수 내 주(主) 하소서.
아멘. (2024. 4. 4)

## 추도

아버지가 소천하시고 벌써 1년이 되었다. 그동안 까맣게 잊고 지냈다. 동생들이 어머니 집으로 내려온다고 했다. 기도하는 가운데 간략하게나마 추도예배를 드렸으면 하는 생각이 들었다. 그날 밤 아버지가 꿈에 나타나 그 모습을 보여주셨다.

낯익은 고향 마을 옛 거리였다. 비탈지고 좁은 골목길을 지나 자갈이 깔린 신작로에 올라서자 작은 오두막이 보였다. 그 집 모퉁이, 신작로 옆에서 아버지가 무슨 목공 일을 하고 있었다. 작은 여자애가 아버지를 시중들었다. 태아로 죽은 아버지의 딸인지, 아니면 다른 아이인지 알 수는 없었으나, 그것이 그리 중요하지는 않았다. 아이 나이는 열 살쯤으로 보였으나 어른과 다름없는 인격자로서 다정한 친구처럼 지냈다.

그들은 서로 말이 없었으나 자연스럽게 교통하며 모든 일을 스스로 처리하고 있었다. 아버지가 나를 보더니 좀 더 가까이, 그리고 천천히 다가왔다. 그때 아이가 아버지를 대신하여 아버지 몫까지 그 일을 척척 해냈다.

그들을 바라보니, 친척이나 가족관계 등은 아무 의미가 없었고, 나이와 성별, 지식이나 학력 등도 전혀 관련이 없었다. 모든 것이 자연스럽고 조화로웠으며 서로가 완전한 자유와 평화를 누리고 있었다. 아버지도 90대 노인이 아니라 청장년의 모습이었다. 내가 오히려 아버지보다 더 나이가 들어 보였다.

그런데 내가 아버지 앞으로 한 걸음 더 다가서니 아버지는 그만큼 물러났다. 다시 다가서자 또 뒤로 물러났다. 그냥 무덤덤한 표정으로 일정한 거리를 두고 나를 바라보기만 했다. 아무 말도 없었다.

다만 그 얼굴이 다른 피부와 달리 좀 더 하얗게 보였다. 무슨 분을 발랐거나 화장한 것으로 보였으나 분명치는 않았다. 어쩌면 요즘 아이들이 사용하는 선크림을 바른 것 같기도 했다. 그때 아버지가 이미 소천한 분임을 깨달았다. 그래서 더 이상 다가가지 않았다.

작은 언덕 위, 울타리 안쪽의 오두막 단칸방에는 어떤 손님이 와 있었다. 그곳이 아버지가 거주하는 집이었다. 모든 것을 영감으로 느끼고 짐작할 수 있었다. 그 손님은 좀 더 젊은 사람으로서 성은 권 씨로 여겨졌다. 내가 모르는 인척이거나 아버지의 친구로 보였다. (2024. 4. 5)

## 여동생

여동생들과 사다리를 타고 언덕을 올라가고 있었다. 마지막 계단에서 다소 어려움을 겪었다. 먼저 여동생 하나가 위쪽 분지에 올라갔다. 사다리 끝이 놓인 자리가 불안정하여 흔들거렸다. 그 사다리를 안고 뒤로 벌러덩 자빠질 수도 있었다. 남은 여동생을 가까스로 밀어 올리고 나도 올라갔다. 위에서 아래를 내려다보니 정말 아찔했다. 끝이 보이지 않는 낭떠러지였다. (2024. 4. 7)

## 청년

여동생이 소리쳤다.
"오빠, 여길 보세요. 정화조가 매우 위험해요."

"음, 그렇군."

비탈진 언덕에 붉은 플라스틱 정화조가 묻혀 있고, 그사이에 판자때기 하나가 꽂혀 있었다. 그나마 오래되어 다 썩어가고 있었다. 혹시나 하고 눌러 보았더니, 아닌 게 아니라 그냥 쑥 내려가 더 이상 건드리지 않았다. 경사가 심하고 지어진 지도 오래되어 그 변소가 매우 위험하다는 사실을 알 수 있었다.

샛길을 통해 아래쪽으로 쭉 내려갔다. 그 옆에 허름한 집이 하나 있었다. 그 집 안으로 들어갔다. 어수선하기 짝이 없었다.

"이 집이 왜 이래요?"

"그러게 말이다. 얼마 전에도 손님이 와서 자고 갔는데."

"여기서요?"

"그래, 밤에는 청년들이 여기 산에 올라와 자고, 낮에는 저 아래 바다에 내려가 놀고. 그런데 여기 깔린 장판은 다 어디 갔지? 누가 장판까지 걷어 갔나?"

그사이 비닐장판은 사라지고, 반쯤 썩어가는 마룻바닥에 온갖 옷가지며 쓰레기들이 사방에 널려 있었다. 비밀진 언덕에다 엉성하게 통나무로 지어진 집이 수명을 다한 듯 폐가가 되었고, 더 이상 사람이 쓰지 못할 것으로 보였다.

그때 한 청년이 그 정화조 위에 올라가 이리저리 돌아다녔다. 펄쩍펄쩍 뛰기도 하고 안전성을 시험하는 듯이 보였다. 내가 소리쳤다.

"어서 나와요! 위험해요! 왜 거기 올라갔어요?"

그러자 그가 정화조를 벗어나기 위해 위쪽으로 올라가려고 하다가 다시 미끄러지며 아래쪽으로 쑥 내려갔다. 그때 그가 우리를 바라보며 비명을 질렀다.

"아, 아 아 아!"

그가 옆으로 다시 미끄러지며 가파른 절벽으로 떨어지고 있었다. 그 아래는 천 길 낭떠러지를 넘어 끝없는 무저갱 같았다. 사람으로서는 더 이상 어찌할 방도가 없었다. 그때 내가 할 수 있는 일이라곤 하나밖에 없음을 깨닫고, 오른손을 번쩍 들고 하늘을 바라보며 소리쳤다.

"멈춰라!"

그때 순간적으로, 비탈진 곳에 서 있는 큰 나무가 가지를 절벽 아래로 쭉 뻗어 그 청년을 가로채 위로 들어 올렸다. 마치 젓가락으로 반찬을 집어 올리듯 나뭇가지 두 개가 그를 콕 집어 들어 올렸다. 앞으로 지상에서 일어날 마지막 날의 휴거처럼 느껴졌다.

"어휴, 이제 119로 전화해. 헬기가 와야겠어." (2024. 4. 7)


## 땔감

어디서 무슨 일을 열심히 하다가 보니 땔감이 산더미처럼 쌓였다. 둥치라면 화력도 좋고 불강도 좋겠다는 생각이 들었으나 졸가리만 보여 아쉬운 마음이 들었다. 그런데 그 산더미가 점점 늘어나 옆으로 계속 퍼져나갔다. 하나둘 손가락으로 찍어가며 세어보니 눈에 보이는 것만 열 개나 되었다.

'음, 정말 대단하군. 저 산더미 하나를 1년씩 땐다고 해도 10년은 거뜬하겠군.' (2024. 4. 8)

## 발바닥

무슨 일을 하다가 발바닥이 불편하여 신발을 벗어 보았다. 미세한 유리 조각 같은 파편들이 신발에 박혀 있었다. 눈에 보이는 조각은 거의 제거하였으나 보이지 않는 것들이 여전히 남아 있었다. 밤새도록 애쓰다가 나중에는 접착용 테이프를 바닥에 붙여 제거하려고 했다.

하지만 그것도 여의치가 않았다. 새벽까지 찜찜한 상태로 누워 있다가 결국은 기도 시간이 되어 자리에서 일어나게 되었다. (2024. 4. 8)

## 소망

간밤에 의미 있는 꿈을 꾸었다. 그동안 교인들을 알곡 신자로 양육하여 하나님의 일꾼으로 삼겠다고 기도한 것이 무색한바, 이런저런 상념에 사로잡혀 있다가 환상을 보게 되었다. 교인들이 떠나고 실의에 빠져 있을 때, 주님이 새로운 소망을 안겨 주셨다.

어느 한 곳에 이르러 하나님이 말씀하셨다.

"네가 이것을 보고 실망하느냐? 아니다. 지중해를 아우르는 소망을 주겠다."

다시 한 곳에 이르러 말씀하셨다.

"네가 실망한 이것을 대서양의 소망으로 바꿔주겠다."

또다시 한 곳에 이르러 말씀하셨다.

"네가 여기 태평양을 호령하는 소망을 주겠다. 아무것도 염려하지 말라."

하지만 그것이 구체적으로 무엇을 의미하는지는 알 수 없었다. (2024. 4. 9)

## 마른 가지

이제 나는 아무것도 아냐

희망도 없고 바랄 수도 없어
할 수도 없고 가질 수도 없어
싸울 수도 없고 다툴 수도 없어
말할 수도 없고 변명할 수도 없어
그냥 흘러가는 대로 따라가는 거야.

이제 나를 쭉 돌아보니
아무것도 못 하는 가지야
하지만 편해. 너무나 편해
이렇게 마르면 편한 것을
죽지 않으면 알 수도 없어
비우고 버리며 또 벗어나
내려놓고 또 내려놓아라.

이제 필요한 일도 없어
더 이상 사용할 일도 없어
그냥 누려라. 주님의 평화를.

이제 나는 말라비틀어진 가지
새 가지도 열매도 희망도 없어
점점 줄어들어 사라질 뿐이지
이미 허벅허벅하게 분해되고 있어.

아기사자 임동훈

클리마코 임동훈

티테디오스 임동훈

넌 이미 죽은 가지야

지금 여기서 뭘 하느냐? (2024. 6. 10)

## 밭

멀리서 보면 달걀 같은 둥근 밭이 아래위로 여섯 필지 나란히 있었다. 밭이 여섯 필지인지, 한 필지가 6년 차로 달리 경작하여 그렇게 보인 건지는 알 수 없었다. 하지만 모든 밭이 하나같이 우측에는 나무가 한 그루 서 있고, 좌측에는 풀이 무성하게 자라고 있었다.

'어휴, 저걸 어쩌나?'

이렇게 중얼거리며 쭉 둘러보니, 위쪽 다섯 필지는 잡목 대신 유실수가, 잡초 대신 채소가 잘 가꾸어져 추수하기에 부족함이 없었다. 하지만 맨 아래쪽 여섯 번째 필지는 나무와 풀이 제멋대로 자라나 엉망이었다. 언젠가 잡목을 제거하기는 했으나 그루터기에서 새 가지가 올라와 있었고, 잡초를 제거하기는 했으나 그 자리에서 새싹들이 빼곡히 자라나 있었다.

'에고, 이걸 어떻게?'

그리고 다시 살펴보니 바로 옆 우측에 유실수와 채소가 자라고 있었다. 그런데 잡목 뿌리에 걸려 더 이상 자라지 못하고 평소의 절반쯤만 컸다. 그 옆의 채소도 마찬가지였다.
'암튼, 거두긴 글렀군.'

2024년 올해로 사과 농사 4년 차가 되었다. 그간 빚도 많이 갚았다. 2025년에는 나머지 빚을 모두 갚을지 모르겠다. 그리고 2026년 6년 차에는 어떻게 될지 걱정되었다. 그때 세상을 다스리려면 세상일을 버리라는 도덕경 제12장의 교훈이 생각났다.
'아, 그리고 보니 2026년 3월로 내 나이가 만 70세 되는구나!'
그러니까 18년 전 2006년 3월, 하나님께 서원한 것이 있었다.
'하나님께서 선히 여기신다면, 앞으로 20년간 주의 종으로 열심히 섬기겠습니다.'
"오! 주 예수 그리스도, 나의 구원자, 하나님의 아들이시여! 저를 불쌍히 여겨 주소서. 주의 긍휼하심만이 종의 살길입니다." (2024. 6. 14)

## 돕는 자

어느 도시에서 단체장 선거를 돕고 있었다. 하루는 선거 운동을 하다가 단체장이 옷매무시를 가다듬으며 말했다.

"다 좋은데, 그가 나를 비방하는 현수막을 크게 써 걸어 놓았어."

자기도 어찌할 수 없어 안타깝다는 듯이 말했다. 내가 한번 그 비방자를 만나 설득했으면 하는 마음이 들었다. 그때 마침 나와 뜻을 같이하는 동료가 있었다. '용의 자리'라는 사람이었다.

그래서 단체장의 승낙을 얻어 그 비방자를 만나러 갔다. 도시 변두리 길가에 4층이나 5층쯤 되는 건물이 보였다. 그 옥상에 뻥 둘러쳐진 현수막을 보니, 우리 단체와 단체장을 싸잡아 비난하고 비하하는 글을 아무렇게 갈겨 써 놓았다.

그런데 그것을 공사장에서 발생하는 먼지와 분진을 막기 위한 차단막으로 사용하고 있었다. 거기에 붉은 페인트로 아무렇게 흩뿌려 쓴 글씨가 아주 저주스러웠다. 그 옆으로 난 계단을 통해 위로 올라갔다. 다시 아래로 미끄러지며 어느 사무실에 들어갔다. 거기 아무나 들어가지 못하게 비밀 통로가 있었다. 여기저기 그 수하들로 보초를 세워 놓았다.

긴장한 탓인지 갑자기 소변이 보고 싶었다. 먼저 동료를 안으로 들여보내고 나는 구석에 있는 화장실에 갔다. 소변을 보고 나니 다소 마음이 안정되어 그를 만나려고 안으로 들어갔다. 그가 앉아 있는 맞은편 소파에 가서 앉았다. 그때 '용의 자리'가 파일을 들고 내 옆으로 다가왔다. 용기를 내어 찾아

온 동기를 밝혔다.

"회장님께서도 잘 아시다시피, 우리 민족의 정서상 누구나 그 이름과 명성을 소중히 여기고 있습니다. 그러니 단체명은 그대로 두더라도 단체장의 이름만은 지워주시는 것이 어떻겠습니까? 사실 그동안 우리도 이런저런 잘못이 없었다고 할 수는 없습니다. 하지만 어찌 단체장 한 사람의 허물로 돌릴 수가 있겠습니까? 저 또한 그 회원 중의 한 사람이자 장애인으로서 책임이 있다고 봅니다."

그가 한참 생각하더니 옆에 서 있는 부하에게 말했다.

"오늘이 주말이지?"

그렇다고 대답하자 다시 말했다.

"좋소! 현수막을 내리겠소!"

이렇게 담판을 짓고 계단을 통해 내려올 때 '긍지 선택'이 다가와 말했다.

"이제 연임은 따 놓은 당상일세."

건물을 빠져나오며 그가 깜빡한 듯 말했다.

"아, 우리가 맡겨놓은 물건을 찾아가야지."

그리고 우리는 큰길에서 택시를 타려고 서 있었다. 그때 1차선에서 2, 3, 4차선을 가로질러 다가오는 군용 오픈카가 보였다. 뒤쪽에서 차들이 빵빵거리며 경고했으나 대수롭지 않은 듯 사이렌을 울리며 다가왔다. 마치 길거리 곡예를 하듯 요리조리 비켜 가며 우리 앞에 와서 섰다.

운전석에는 여군 준사관이, 옆자리에는 여군 지휘관이 앉아 있었다. 둘 다 사복을 입어 그 계급은 알 수 없었지만, 나이로 봐서 무슨 정보기관의 부사관과 장교로 짐작되었다. 우리는 그 뒤에 올라탔다. '긍지 선택'이 감사를 표시하자 그 장교가 말했다.

"지난번에도 모시려고 뒤쫓아 왔었어요!" (2024. 6. 30)

## 행사

무슨 예배인지 행사인지는 분명치 않았지만, 시작하기 전에 먼저 화장실을 다녀오려고 했다. 한참 줄을 서 기다렸더니 이윽고 두 번째가 되었다. 그런데 대기하는 줄이 옆에 하나 더 있었다. 그러고 보니 내가 네 번째였다.

그때 내 뒤에 쭉 늘어선 이들을 위해 내가 좀 양보하기로 했다. 화장실 옆 비탈진 언덕에 잔디가 심겨 있었다. 그곳을 쭉 미끄러져 내려갔다. 그 아래쪽에 다른 화장실이 있다는 것을 알고 있었기 때문이다.

그런데 그 길바닥이 질퍽거렸다. 나는 슬리퍼 같은 신을 신고 있었다. 왼발이 푹 빠졌으나 그리 큰 문제는 아니었다. 오래된 슬래브 화장실에 들어가 소변을 보고 에스컬레이터를 탔다. 바로 옆에 새로 공사한 흔적이 보였다. 그곳에 한 발을 없어 간신히 2층으로 올라갔다. 우여곡절 끝에 행사장에 도착했다.

예배당에 장의자가 두 줄로 놓였고, 교인들이 쭉 앉아 있었다. 우측 옆에 주의 종들이 앉아 있다가 나를 보고 일제히 일어났다. 시간이 다 되어 조마조마하게 기다린 듯했다. 내가 앞으로 나가니 그들이 뒤따랐다. 강대상 바로 뒤에 내가 앉고, 그 옆으로 그들이 앉았다.

그때 어떤 목사님이 내가 빈손이라는 사실을 알고 장의자에 놓인 성경을 들어 강대상에 슬쩍 던져주었다. 시커먼 가죽으로 된 두껍고 낡은 책이었다. 내 우편에 앉은 직전 회장님이 이런저런 코치를 했다. 성경을 건네준 목사님이 나를 보고 말했다.

"앞으로 임 목사님은 순서에서 빠지는 것이 좋겠습니다."

시간도 제대로 지키지 않고 성경도 가지고 오지 않는 등, 행사 준비에 소홀했다는 뜻으로 다가왔다. 그때 직전 회장님이 강대상으로 나가더니 농담조로 한마디 했다. 딱딱한 분위기를 좀 부드럽게 해소하려는 듯이 보였다.

"노회 사정으로 순서가 좀 늦어져 죄송합니다. 그 벌칙으로 제가 커피를 사겠습니다."

흔히 쓰는 방식이지만, 실속 없는 말처럼 들려 모두 웃었다. 경직된 분위기가 다소 풀리긴 했다. 그때 한 젊고 깔끔한 목사님이 강단으로 올라와 뭐라고 한마디 하면서 내 옆에 앉았

다. 강대상 앞쪽과 옆쪽의 자리가 다 차서 앉을 자리가 없었기 때문이다. (2024. 7. 24)

## 회식

우리 목회자 단체 가운데 특별한 모임이 있었다. 그 모임의 시간이 은근히 기다려졌다. 하루는 그 회원 가운데 '길' 목사님을 거리에서 만났다. 반갑게 인사하자 그 옆으로 '종' 목사님 내외가 다가왔다. 그때 마침 잘 되었다 싶어 식사나 한 끼 같이하자고 했다. 모두 흔쾌히 승낙했다.

어느 식당 2층으로 올라갔다. 우리 모임의 목사님들 내외가 거의 다 거기 모여 있었다. 그 가운데 우리 모임의 회원이 아닌 목사님도 더러 있었지만, 메뉴를 골라 내가 말했다.

"오늘은 제가 밥 한 끼 사겠습니다."

그때 '길' 목사님이 신용카드를 꺼내 건네주었다. 도로 돌려주며 내가 말했다.

"제가 이미 결제했습니다."

추어탕이 나왔다. 그때 계단에서 만난 '승' 형제가 보이질 않았다. 그는 한때 나를 어렵게 한 친구였으나 지금은 나이도 들고 몸도 불편한 상태였다. 그를 찾아 다시 아래층으로 내려가 보니, 여러 사람에게 둘러싸여 많은 어려움을 겪고 있었

다. (2024. 7. 27)

## 다래의 고통

새벽에 한 아이가 찾아왔다. 그동안 죽지 않고 어디선가 살아 있었다는 사실만으로 감사하다는 생각이 들었다. 그때 아이가 웃옷을 걷어 올리고 자기 가슴을 주무르기 시작했다. 그런데 이게 웬일인가? 아데미 여신도 아니고! 양쪽 젖가슴 외에 그와 비슷한 혹이 주렁주렁 달려 있었다. 그 가운데 하나를 고무풍선 만지듯 주물럭거리니 땀방울 같은 멀건 물이 주룩주룩 솟아 나왔다. 아이가 얼굴을 찡그리며 말했다.

"날마다 이렇게 다래의 물을 짜야 하니, 그 고통이 얼마나 크겠어요! 하루이틀도 아니고, 참!"

그 아이는 난치성 피부병을 앓았다. 십여 개의 물혹이 젖가슴 옆에 그 젖가슴처럼 불룩불룩 솟아 있었다. 어찌 보면 일종의 성신병이요, 마음에 쌓인 심장병으로 느껴셨다. 다시 가슴이 쿵덕거리며 심장이 멎을 듯했다.

"아! 이것도 알고 보면, 다 나의 부족하고 정제되지 못한 마음씨 때문이야. 이 빌어 처먹을 다래의 고통아!" (2025. 1. 7)

## 오푸스 데이

큰 돼지가 잡혔습니다.
차진 돔이 잘 쩌졌습니다.
내 몸이 착 가라앉았습니다.
모든 것이 다 완성되었습니다.
겸손이 그 덕행의 종착점입니다.
오늘 이윽고
하나님의 일(Opus Dei)을 보았습니다. (2025. 1. 20)


## 치매 징조

  허리 통증으로 이 약 저 약을 마구 먹었더니, 약에 치고 힘에 부쳐 나른하고 무기력한 상태로 지냈다. 다행히 주께서 이번에도 궁휼히 여기시어 어제 과수원 방제를 잘 마쳤다. 새벽 다섯 시부터 아홉 시까지 무려 네 시간 동안을 사과나무 150여 그루에 약을 쳤다. 이는 주님의 크신 은혜였다.
  보통 4월부터 9월까지 한 달에 서너 차례 그렇게 방제한다. 올해도 이제 거의 마무리되었다. 그런데 약을 칠 때는 괜찮다가 다 치고 나면 허리가 슬슬 아프기 시작한다. 어느 때는 꼼짝달싹하기도 힘들었다.

요즘은 체력이 많이 떨어져 그런지 치매에 대한 꿈도 자주 꾼다. 이는 머지않아 내가 받을 세례로 보여 마음이 무겁고 착잡하다. 처음에는 차를 어디 주차했는지 몰라 이리저리 찾아 헤매다가, 나중에는 내가 살고 있는 집을 못 찾아 거리를 배회하는 것이었다. 그러다가 오늘은 그 종합 편이 보였다. 꿈에서 이미 녹초가 되어 자리에서 일어나기도 힘들었다. 현실과 꿈이 사실상 하나로 연결되어 있었다.

그 옛날 직장 생활로 돌아갔다. 언덕 위에 우리 사무실이 있고, 그 아래쪽에 여러 구역으로 나눠진 주차장이 있었다. 무슨 일인지 모르지만, 야근을 마치고 어둑어둑하여 주차장으로 내려갔다. 차를 어디 두었는지 아예 기억이 없었다.

게다가 내 차가 무슨 차인지, 차 번호는커녕 차종도 몰라 답답하기 그지없다. 그럼에도 어쩌겠는가? 혹시 낯익은 차가 있는지 여기저기 돌아다니며 찾아보았다. 직원들이 거의 다 퇴근하여 차는 드문드문 있었지만, 내 눈에 익은 차는 그 어디에도 없었다.

계단을 따라 아래쪽 주차장으로 내려가면서 살펴보았다. 이 잡듯이 샅샅이 찾아볼 수밖에 없었다. 그때 아래층으로 내려가는 계단 중간에 어떤 사람이 서서 소리를 질렀다.

"소나타 원이나 투 소유하신 분이 있습니까?"

그때 어렴풋하게나마 생각이 떠올랐다. 언젠가 그 시기는 모르지만, 나도 소나타 원인가 투를 잠시 탄 것 같았다. 그래서 걸음을 멈추고 손을 번쩍 들어 소리쳤다.
"저요!"
그가 나를 위아래로 힐끔힐끔 쳐다보더니 말했다.
"너는 아니고!"
그 말을 듣고 나는 크게 실망하여 그냥 아래쪽으로 내려갔다. 내 차가 아닌 것이 분명했기 때문이다. 내가 어쩌다 이 지경까지 되었는지 너무 비참하다는 생각이 들었다. 하지만 나도 어쩔 도리가 없었다. 내가 받을 세례라면 받을 수밖에는.

그리고 아래쪽으로 내려가 주차장을 다 돌아다니며 찾아보았으나 내 눈에 익은 차는 거기에도 없었다. 이미 나와 같은 치매 인간이 먼저 있었는지, 장기 주차로 옆구리가 터진 차, 뒤쪽 트렁크가 떨어져 나간 차, 창문이 깨어지고 부서진 차, 먼지가 수북이 쌓인 차 등이 아무렇게 나뒹굴고 있었다.

'이를 우짜믄 좋노? 우짜쓰까 잉!'

그리고 출입문을 지나 울타리 밖으로 나갔다. 도로변 양쪽에도 낯선 차들이 줄지어 있었다. 혹시나 하고 찾아보았으나 역시 내 눈에 익은 차는 없고 낯선 차만 있었다. 그때 어떤 늙은이가 고급 승용차를 운전하다가 사고를 냈다. 사람들이 크게 소리를 질렀다.

"저런, 저런! 사람이 치었어! 사람이!"

그래서 그 차 밑을 보려고 허리를 숙이다가 내 모습이 더 민망하여 일어나 발길을 돌렸다.

'그래, 더 이상 차를 찾을 방법이 없어. 마지막으로 다시 한 번 더 영내로 들어가 샅샅이 찾아볼 수밖에.'

그리고 다시 출입문 안으로 들어가 계단 위에 첫발을 올려놓았다. 그때 희미한 기억이 나를 멈추게 했다.

'어제 차가 고장이 나서 정비공장에 맡기고 통근버스로 출근한 것이 아닌가? 그래, 아마 그렇게 한 것 같아.'

그것도 분명치 않았으나 그 생각에 의지할 수밖에 없었다. 더 이상 방법이 없었다. 그래서 다시 출입문 밖으로 나와 버스정류장을 향해 걸어갔다. 그런데 내 기억에 남아 있는 그 거리가 아니었다. 도로도, 포장도, 주변 건물도, 상가 간판도 다 바뀌어 낯설었다. 적어도 수십 년은 지난 것처럼 보였다.

하지만 그 버스정류장의 위치와 장소는 틀림이 없었다. 그때 바지 주머니에 손을 넣어 보니 다행히 동전과 토큰이 있었다. 버스 요금을 몰라 토큰을 하나 집어 들었다. 일반용이 아니라 학생용으로 까만색이었다.

'토큰이 까만색이었나?'

이상하다는 생각이 들었으나 그냥 하나를 손에 쥐고 버스를 기다렸다. 거리에서 봉사하는 사람들이 나를 유심히 쳐다보았다. 그래서 내 모습을 보니 오른발에는 검정 고무신을, 왼발에는 흰 고무신을 신고 있었다.

그때 버스가 도착하여 사람들이 타고 버스 문이 막 닫히려고 했다. 내가 타려고 하자 차가 멈칫멈칫했다. 운전사가 나를 힐끗 보더니 한마디 하면서 문을 닫고 떠났다.

"에고, 정신을 어디에다 두고!"

그리고 얼마 있다가 버스가 다시 왔다. 이번에는 좀 한가하여 빈자리가 있었다. 버스를 타고 토큰을 통에 넣으려고 보니 빈손이었다. 남들처럼 신용카드를 꺼내 거기 갖다 댔다. 그런데 아무리 대도 '삑'하는 소리가 들리지 않았다.

그때 손님들이 몰려들어 기사와 조수가 정신없이 바빴다. 그사이 나는 모른 척하고 그냥 옆자리에 가서 앉았다. 그리고 손에 들린 카드를 보니 체크카드가 아니라 무슨 영수증이었다. 눈치를 보니 내가 무임 승차한 사실을 그들이 모르는 듯했다. 그래서 잠시 생각했다.

'저들이 모르면 나도 가만히 있어야지. 창피하니까!'

그런데 더 큰 문제는 내 집이 어디 있는지, 내가 어느 마을에 사는지 기억이 나질 않았다. 그냥 머리가 텅 비어 하얗게 된 상태였다. 참으로 어처구니없고 내가 봐도 너무나 답답했다. 어쩌다가 내가 이 꼴이 되었는지, 나의 과거도, 미래도, 현재도 남아 있는 것이 하나도 없었다.


그렇게 한동안 꿈속에서 헤매다가 깨어나 보니 9시 30분이었다. 초저녁에 밥 먹고 약을 먹은 탓에 나른하여 누웠다가 그대로 잠이 든 것이다. 몸은 약하고 약은 독하여 심신이 많이 지친 듯했다.

'아, 이것이 바로 치매로구나 치매. 근래에 이런 꿈을 세 번이나 연속해서 꾸다니. 몸이 좋지 않으니 나쁜 놈이 성큼성큼 다가오는 듯하네. 그래, 일찍이 할아버지가 그랬고, 아버지도 그랬어. 물론 그 정도는 모르지만, 아무튼 그렇게 다 돌아가셨지. 이제 내가 그 뒤를 따라가고 있어. 빌어먹을! 세월이 빨라도 너무 빠르네. 그래, 내년 3월이면 나도 70살, 이제 거의 다 되었어. 이제는 정말 비우고 버리고 벗어나 깨끗하게 살 때야. 더 이상 무슨 생각을 더 하겠어. 어떤 미련을 더 두겠어. 다 내려놓고 수실에 들어가 앉을 때야. 그리고 기도해야겠어.'

"오! 주 예수 그리스도, 하나님의 아들이시여! 저를 불쌍히 여기소서. 주님의 긍휼하심만이 종의 살길입니다. 주께서 혹시 선히 여기신다면, 저에게도 히스기야에게 허락하신 15년간의 생명 연장의 은총을 허락하소서."

이는 흔한 개꿈이 아니라 앞으로 나에게 미칠 마지막 날의 징조로 보였다. 그때가 갑자기 닥치기 전에, 우선 그동안 내가 쓰고 남은 글들의 조각을 모아 편집하기로 했다. 그리고 수실에 들어가 앉는다면, 그나마 글쟁이의 미련은 조금 덜어질 듯했다. 이것이 아직 여러모로 부족할 뿐만 아니라 빚도 좀 남은 상태에서, 서둘러 〈머나먼 수도의 길, 삼층천〉과 〈고달픈 은자의 삶, 오봉산〉을 편집한 동기이다. (2025. 8. 8)

## 검정 고무신

 2024년 장려금과 2025년 정책자금으로 어느 정도의 자금이 마련되었다. 〈삼층천〉 교정을 서둘러 마치려고 했으나 체력은 떨어지고 정신 집중이 안 돼 어려움을 겪었다. 자리에 누웠다가 다시 일어나 앉기를 반복하며, 세수하거나 샤워하고 잠시 교정을 보고 또 자리에 눕곤 했다. 만사가 귀찮고 피곤함을 느꼈다. 그때마다 잠이 들었으나 꿈에서도 부질없는 여자와 돈 문제로 피로도만 쌓였다. 다소간의 위로도 받았으나 큰 의미는 없었다.

 여러 색깔의 고무신이 있었다. 그중에 검정 고무신이 유독 눈에 띄었다. 하지만 사람들이 다 외면했다. 그때 어떤 사람이 와서 조용히 일러주었다.
 "검정 고무신에 정화의 기능이 있어. 그중의 하나를 뽑아 비상금으로 보관해!"
 그리고 만 원짜리 신권 한 장을 건네주었다. 그러고 보니 검정 고무신 안쪽의 필터가 만 원짜리 새 돈으로 쭉 꽂혀 있었다. 사람들이 다 외면해서 그런지 모두 새것으로 나란히 세워져 있었다. 그중에 하나를 뽑자 다른 것이 들어와 채워졌다.

하지만 흰 고무신을 비롯하여 보기에 반반한 것들은 이미 많은 사람이 여러 번 사용하여 별로 쓸모가 없어 보였다. 그럼에도 사람들은 여전히 검정 고무신을 외면하고 흰 고무신에만 관심을 두었다.

그때 느닷없이 한 준수한 청년이 나타났다. 주님의 메시지를 전달하는 가브리엘 천사같이 느껴졌다. 그 검정 고무신 옆에서 나는 눈을 감고 조용히 서 있었다. 겉보기와는 달리, 그 검정 고무신이 오히려 흰 고무신보다 더 깨끗하다는 사실에 다소 안도의 숨을 쉴 수 있었다. (2025. 9. 3)

## 가습기

오랜 가뭄으로 들판의 농작물은 물론이고 사람들의 식수까지 고갈되어 어려움을 겪었다. 집 안에서도 가습기를 틀어놓고 습도를 맞춰놓을 수밖에 없었다. 좌측 방에 한 개, 우측 방에 두 개의 가습기를 포개놓고 밤새도록 틀었다.

이날 밤 다행스럽게도 비가 내렸다. 새벽에 일어나 가습기 스위치를 모두 뽑고 한숨 돌렸다. 그동안의 긴장이 싹 풀리는 듯했다. (2025. 9. 10)

## 배탈

　어느 단체에서 식중독이 발생하여 그에 따른 보상비로 120만 원의 예산이 책정되었다. 하지만 그보다 위험 부담이 더 커서 아무도 선뜻 나서질 않았다. 하지만 마냥 보고만 있을 수가 없어 내가 그 십자가를 지기로 했다. 어쩌면 120만 원이 아니라 1,200만 원이 들어갈 수도 있어 은근히 부담되었다.
　하지만 나는 이런저런 어려운 경험을 많이 겪은 사람으로서 우선 상황을 차분히 지켜보기로 마음먹었다. 처음에는 심한 복통과 설사가 있었으나, 화장실을 몇 번 다녀오니 많이 잦아들었다. 세 번 정도 화장실을 다녀오면 거의 다 나을 것으로 보였다. 따라서 120만 원의 예산이 부족하지 않을 듯했다. (2025. 9. 10)

## 사과

　어느 회사 직원들이 열심히 일하고 있었다. 계약직 직원부터 중간 간부, 부서장까지 최대한 자유롭게, 자율적으로 모두가 스스로 알아서 척척 일하는 분위기였다. 최소한의 위계질서만 지키면 누구에게도 부담이 없었다.
　그때 나는 사과를 깎아 한 손에 쥐고 먹으며 일했다. 하지만 그에 대해 누가 뭐라고 하거나, 쳐다보거나, 의식하는 사람은 아무도 없었다. 그런데 그 사과의 크기가 보통이 아니었다. 먹고 먹어도 끝이 없었다. 씨도 없고 과즙도 풍부하며, 맛도 좋고 배도 불렀다. 그래서 속으로 흥얼거렸다.

'이것으로 끼니를 대신하면 되겠군.' (2025. 9. 11)

## 역살 굿

우리 민족 고유 명절을 맞아 기차를 타고 고향을 방문했다. 우물가에서 잠시 쉬고 있었다. 그때 동창생 애숙이가 도착했다.

"이게 얼마 만인가?"

"그러게!"

"우리가 같은 기차를 타고 온 거야?"

그리고 보니 10대 때 보고 50년도 더 넘은 듯했다. 우리는 어색할 겨를도 없이 서로 껴안고 어깨를 토닥거려 주었다. 그때 우물 뒤쪽, 옹벽에 붙은 창문이 스르르 열리며 누가 뭐라고 하여 우리는 서로 떨어졌다.

그리고 애숙이 어머니가 운영하는 여관에서 다른 친구들과 함께 모여 담소하고 있었다. 그때 집배원이 와서 우편물을 애숙이에게 건네주며 말했다.

"베드 신(bed scene)이 기가 차."

그 말을 듣고 나는 깜짝 놀라 소리쳤다.

"아니, 베드 신이라니! 베드 신이 뭐야?"

애숙이가 얼굴을 감싸고 안쪽으로 달려 들어갔다. 주변에서 사람들이 웅성거리기 시작했다.

"무슨 일이 있은 게야?"

"성폭행이라도 한 거야?"

그때 애숙이 어머니가 와서 나를 좀 보자고 하여 2층으로 자리를 옮겼다.

"무슨 일이 있은 게야?"

그 말을 듣고 다짜고짜 애숙이 어머니를 꼭 껴안았다.

"너무 반가워서 이렇게 잠시 포옹한 겁니다."

"이게 뭐야? 빨리 놔!"

그리고 애숙이를 만나 위로했다.

"너무 신경 쓰지 마! 이제는 친구 간에 농담도 못 하게 생겼어. 걸핏하면 성희롱이네, 성추행이니 해서."

"돼먹지 못한 것들이 역살 굿을 하는 거지."

"그것도 수컷의 비애야."

"시대가 망조 든 거지."

"그러고 보면, 우리 조상들이 만든 첩 제도나 관기 제도가, 지금은 뭐 말하기가 그렇지만, 필요하고 요긴하긴 했어."

"뭐야? 그게!" (2025. 9. 12)

## 패킹

내 의지로 무엇인가 열심히 노력하기는 했으나 늘 부족함을 느꼈다. 그때 어떤 사람이 나타나 나의 빈자리에 무엇을 채워 주었다. 그 모습 그대로 덧씌우고 붙여서 헛김이 새지 않도록 조금 두텁게 만들었다. 무슨 기름종이처럼 얇고 투명했다.

그때 재질이 우수한 패킹이 나의 빈틈을 꽉 메우고 쪼이게 했다. 무엇인가 한 번만 더 씌우고 덮어지면 더욱 안전하고 완전할 것으로 보였다. 그래서 이런 말씀이 성경에 있다.

'한 사람이면 패하지만 두 사람이면 맞서 싸울 수 있다. 세 겹 줄은 쉽게 끊기지 않는다.'(전도서 4:12)

"오, 주 예수여! 오늘도 주님의 뜻을 이루소서." (2025. 9. 14)

## 구도자의 길

어느 시기에 맞춰 구도자의 길을 걸어가는 날짜가 제시되었다. 어쩌다 때를 놓쳐 다음 일정이 발표되기를 기다렸다. 1차부터 4차까지 시작 일자가 발표되고, 그 기간마다 주제가 주어져 있었다.

그중에 네 번째 주제를 보니 생전 처음 보는 한자였다. 그것을 쓴 사람도 무슨 뜻인지 모르는 듯했다. 마치 그림을 그리듯 여러 부수를 비뚤배뚤하게 덧붙여 써 놓았다. 세 번째와 두 번째도 무슨 한문이었고, 첫 번째만 순수한 한글이었다. 그래서 정신을 가다듬어 기억할 수 있었고, 혹시라도 잊을까 싶어 즉시 노트에 기록했다.

'사랑을 가슴에 달고'

무슨 뜻인지 아리송했으나 그 의미는 매우 깊은 듯했다.
(2025. 9. 15)

## 교사

유치원 교사를 미리 채용했으나 결원이 생겨 두 명을 추가로 뽑았다. 우선 지난번 예비 후보 두 명에게 메시지를 보냈다. 하지만 아무 소식이 없었다. 얼마 후 한 명은 다른 곳에 이미 취업하였고, 다른 한 명은 가능하다는 답변을 받았다. 그래서 정식 절차를 거쳐 그를 임용했다. (2025. 9. 16)

## 자매

한 작은 자매와 같이 인생길을 걷다가 깊은 수렁에 빠져 고생하기를 한두 번이 아니었다. 죽을 고비도 여러 차례 넘겼다. 어느 날 흉흉한 물웅덩이에 빠졌다가 간신이 빠져나와 산으로 피신했다. 간혹 자매의 도움을 받기도 했으나 불편함이 더 많아 늘 부담이 되었다.

"그래, 여자는 필요악이란 말이 맞아! 여자 없는 곳이 천국일 수도 있어!"

이렇듯 오늘도 오만무도한 은수자의 넋두리를 함부로 내뱉으며 고된 길을 걸었다. 사실 어릴 때 장난삼아 무심코 내뱉은 그 말 한마디로 인해 나는 평생을 여자 문제로 어려움을 겪고 있다.

'에고, 이 못난 주둥이! 그 거만한 입 때문에 나에게만 세상에서 맞는 여자가 없어.'

그럼에도 나는 그 작은 자매와 함께 여기저기를 오가며 이래지래 분주히 살았다. 어느 때는 성말 내팽개쳐 버리고 싶었으나 거머리같이 찰싹 달라붙어 떨어지지 않았다. 그러다 보니 어느덧 20년 가까운 세월이 흘렀고, 그 인생이 불쌍하게 보이기 시작했다. 이제는 모든 것을 포기하고 살게 되었다.

(2025. 9. 25)

## 성희롱

 동료 여성과 함께 식사하러 가면서 팔짱을 끼었다. 나이를 먹은 만큼 다소 어색하기는 했으나 그만큼 우리는 서로 아끼는 사이였다. 그때 어떤 사람이 얼굴을 붉히며 다가와 우리를 서로 떼어 놓으며 말했다.
 "이러면 안 되지. 주변에 눈이 있는데."
 그러나 우리는 아랑곳하지 않고 다시 팔짱을 꼈다. 그가 다시 와서 똑같은 말로 타이르며 우리를 떼어 놓으려 했다. 그때 우리는 사회 통념상 좀 거시기하는 줄은 알았으나, 윤리적으로 별문제가 없을 뿐만 아니라, 묘한 감정 때문에 서로 떨어지기 싫었다.
 그렇게 아래쪽으로 쭉 내려가 보니 큰 너럭바위 아래 천연 수영장이 있었다. 날씨는 약간 쌀쌀했으나 많은 사람이 수영을 즐기고 있었다. 그런데 큰 왕도마뱀이 그들 사이에 끼어 같이 수영하고 있었다. 보기에는 매우 위험해 보였으나 모든 사람의 친구처럼 다정하게 지내며 함께 즐겼다.
 사람들은 그놈을 이용하여 한껏 물놀이를 즐겼고, 그놈도 그것을 기쁨으로 여기는 듯했다. 그놈의 머리를 밟고 사람들이 점프하거나 지나가는 디딤돌의 역할도 했으나, 오히려 그것이 즐거운 듯, 그놈은 생글생글 웃으며 적극적으로 임하는 모습이 마치 주인에게 충성을 다하는 반려동물처럼 느껴졌다. 보기에는 징그럽고 무서웠지만 성품은 매우 온순하고 따뜻했다.

그때 어떤 사람이 다가와 바위틈에 있는 스위치를 누르니 수영장 물이 쭉쭉 빠지기 시작했다. 그런데 아직 사람들이 수영하고 있는 모습을 보고, 뭐라 한마디 하면서 스위치를 다시 조정했다. 물이 빠지는 속도를 최대한 늦춰 놓은 것으로 보였다. 나는 여전히 물에 들어가지 못하고 너럭바위 위에서 그 모습을 지켜보고 있었다.

그리고 그가 떠나는 것을 보고, 나는 그 스위치 작동이 궁금하여 바위틈으로 내려가 살펴보았다. 아닌 게 아니라 그 바위 안쪽에 버튼 세 개가 나란히 있었다. 혹시 필요시 내가 그를 대신해 봉사할 수도 있지 않을까 싶어 유심히 살펴보았다.

그때 동창생 친구들이 우르르 몰려오더니 다급히 소리쳤다.
"글쎄, 우리가 다방에서 이런저런 이야기를 나누고 있었는데 갑자기 경찰이 들이닥쳐 우리를 성희롱으로 몰고 갔어!"
그 옆에 있던 자매가 말했다.
"우리 여자 둘만 빼고 남자 다섯은 모두!"
그러고 보니 나를 포함하여 남자가 다섯이었다. 그 자리에 없던 나도 성희롱으로 걸렸다는 것이 매우 이상했지만, 동료 여성과 팔짱을 낀 일이 생각나서 가만히 있었다.

그때 날은 이미 저물어 어둑어둑했고, 친구들을 그렇게 만났으니 저녁 식사라도 한 끼 같이 하자고 했다. 한 친구가 '秀(수)'라는 식당이 바로 옆에 있다고 했다. 그곳으로 이동했다. 넓은 정원이 딸린 고급 한식집으로 보였다.

'나는 경제적으로 보면 빚쟁이요, 사회적으로 보면 장애인이다. 그런 내가 음식값을 계산하면 저들이 좀 미안하게 생각할지 모른다. 그러니 저들에게 만 원씩만 부담하라고 하자. 그 돈으로 커피를 마시면 결국은 내가 저녁을 대접한 셈이 되지.'

그리고 식당 주인을 불러 당당하게 주문하고 일곱 명이 식사할 조용한 방을 부탁했다. 그러자 정원 옆에 딸린 야외 테이블이 운치도 있고 단체석으로 가장 좋다고 했다. (2025. 9. 28)

## 화재

이래저래 마음이 상한 채 잠자리에 들었다가 새벽녘에 어려운 꿈을 꾸었다. 어느 동떨어진 외딴집 자재 창고 같은 곳에서 군불을 때고 있었다. 사방에 큰 합판이 수북이 쌓여 있고, 자투리 조각으로 적당히 불을 지폈다.

그때 자매가 나타나 뭐라 쫑알거리며 이것저것 가리지 않고 마구 불 속으로 던져 넣었다. 특히 자루에 모아둔 빈 페트병을 모조리 아궁이에 집어 던졌다. 그러자 불꽃이 뱀의 혀처럼 갈라지며 옆에 쌓아둔 새 합판까지 번져 몇 장을 태웠다.

그 옆 바깥에도 많은 합판이 쌓여 있었다. 그 합판 더미 모퉁이 네 곳에 불이 붙어 뿌연 연기가 솟아올랐다. 거기 불이 붙으면 그 집까지 다 태울 것 같았다. 그래서 어찌 불을 끌까 노심초사하다가 일어나 밖으로 나갔다.

'어휴, 이를 우짜믄 좋노?' (2025. 10. 2)

## 에토스

믿음과 사랑과 소망은 로고스와 파토스와 에토스의 합작품이다. 지성과 감성과 행동이 한 덩어리로 역사한다는 말이다. 따라서 수도사의 관상이나 수녀의 활동이 하나님의 관점에서는 별반 다르지 않다. 사실 행위 없는 믿음은 죽은 사람의 시신이요, 사랑 없는 헌신은 조건부 상거래일 뿐이다. 어리석은 사람은 말로 그 행동을 변명하지만, 지혜로운 사람은 행동으로 그 말을 증명한다.

성장은 외적 증가이고 성숙은 내적 증진이다. 내적 성숙 없는 외적 성장은 그냥 고깃값에 불과하다. 자기 일을 시키고 돈을 지급하면 고용주요, 하나님의 일을 하고 돈을 받으면 노동자가 된다. 물건을 주고 돈을 받으면 상인이요, 돈을 주고 물건을 받으면 소비자다.

일반 동물은 먹고 자고 싸고 교미하고 새끼 낳아 기른 후 흙으로 돌아가는 짐승이고, 인간은 그 동물적 기능 외에 돈과 권세와 명예를 추구하다가 지옥 가는 죄인이다. 하지만 수도자는 그 모든 것을 다 버리고 기도하며 일하다가 천국 가는 사람이다. 우리의 육체는 하나님의 생기가 잠시 빌려 사용하는 지상의 차용물일 뿐이다.

## 수도 훈련

원칙적으로 수도자에게는 세상이 만든 법이나 규정은 별 의미가 없다. 하늘 원리만 제대로 작동하고 그에 따르면 된다. 그 하늘 원리 안에 세상의 모든 법이 따라가기 때문이다. 하지만 우리는 그마저 지키지 못하므로 수도원의 규칙이 필요하고 아빠스의 지도가 필요하다. 수도와 훈련은 둘이 아니라 하나이다. 끊임없이 비우고 버리고 벗어나 자유롭게 되는 과정이다.

세미한 하나님의 음성은 우리의 마음속에 미세한 잡음도 없을 때 들을 수 있다. 영혼의 소리는 고요와 침묵 속에서 흘러나오기 때문이다. 십자가 없이 면류관 없고, 변화 없이 기회 없고, 고통 없이 열매 없다. (no cross no crown, no change no change, no pain no gain.)

그래서 4세기 금욕주의자 제롬이 말했다.

"도시는 감옥이요, 고독은 낙원이다."

사람의 마음은 형체 없이 나타나 그 생각과 함께 사라지기 마련이다. 가출한 자는 돌아갈 집이 있지만 출가한 자는 돌아갈 집이 없다. 수도자는 출가한 죄인이다. 더 이상 돌아갈 곳도 없지만 세상에 대한 미련도 없다. 막다른 길에 들어서 하늘만 바라보고 걸어갈 뿐이다.

수도는 배우는 게 아니라 비우는 것이다. 사람의 욕심도 부리는 게 아니라 비워내는 것이다. 끊임없이 비우고 버리고 벗어나 모든 것을 내려놓고 깨끗이 포기해야 한다. 알고 보면 외로움만큼 자유로운 친구도 없다. 독방의 고독과 침묵의 전투는 하나님과의 연합과 일치, 합일을 위한 최고의 싸움이다.

하지만 우리 사람도 종족 보존을 위한 과정이 필요하다. 이는 하나님의 창조와 보존의 질서에 속한다. 하지만 쾌락의 도구로 사용하는 육체적 교미는 세상에서 가장 어리석고 못난 낭비다.

이들은 개보다 못한 짐승이다. 개는 6개월에 한 번씩 교미하여 새끼를 낳아 기를 뿐이다. 그 임신과 출산, 양육 기간이 여섯 달이다. 개는 이렇게 종족 보존의 의무를 다한다. 하물며 이마고 데이, 천상천하 유아독존의 사람이 종족 보존의 수단이 아니라 쾌락의 도구로 시간을 허비한다면 그야말로 개보다 나은 것이 뭐가 있겠는가?

## 인사말

"나마스떼!"

'당신 안에 계시는 하나님께 경의를 표합니다'라는 인도의 인사말이다. 이것이야말로 지상 최고의 인사가 아니겠는가? 한국어의 '반갑습니다'라는 말도 '당신은 하나님과 같습니다'라는 뜻이다. '반'은 고어로 '하나님'이고, '갑습니다'는 '같습니다'의 변형이라고 한다.

## 떠남과 머묾

"보라! 자연이 지상 최고의 경전이 아닌가?"

우리는 자연에서 살다가 자연으로 돌아가 그 자연이 된다. 이것이 우리의 인생이다. 사실 우리는 자연을 떠남과 동시에 그 자연에 머물게 된다. 대자연에서 창조주 하나님을 찾아 누리는 사람이 행복하다.

## 도배

어느 집으로 이사하기 위해 한 청년이 도배하고 있었다. 집이 낡고 허술했지만, 그는 차근차근 도배를 마쳤다. 그런데 시멘트 사각기둥 모서리의 절반 두 곳이 남았다. 그 한쪽 구석에도 조금 덜 붙인 곳이 있었다. 도배지가 떨어진 것이다. 그 모습을 보고 내가 나서 선뜻 말했다.

"넉넉잡아 두 막기만 있으면 충분하겠네. 내가 즉시 사다 주겠다."

그리고 도배지를 파는 곳으로 갔다. 내가 아는 가게가 있었다. 거리가 조금 떨어져 있었다. 그때 몸집이 좀 있지만 마음씨가 착한 중년 부인이 나를 따라나섰다. 내 앞에서 언덕길을 걸어 올라갔다. 내가 따라가지 못할 정도로 발걸음이 빠르고 보폭도 컸다.

나는 뒤에서 그녀의 옷을 붙잡고 잡아당기며 겨우 같이 올라갔다. 부인이 몇 번 나를 돌아보았으나 책망하거나 원망하지 않았다. 그런데 막상 목적지에 도착하고 보니, 도배지를 파는 가게가 바로 그 부인의 집이었다. 그 사실도 모른 채 우리는 따로, 그리고 같이 그 집에 들어갔다. 서로 깜짝 놀라 쳐다보며 말했다.

"그 가게가 바로 우리 집이었어요?"

그 집은 내가 살고 있는 곳에서 약간 떨어져 아래쪽에 있었으나, 그 부인과의 친분은 전혀 없었다.

"그러네요. 여기 이게 바로 그 도배지네요."

마당 안쪽 마루 앞에 쌓여 있는 도배지에서 그와 똑같은 무늬가 있었다. 그런데 부인이 도배지를 줄 생각은 하지 않고 쌀을 꺼내 씻기 시작했다. 얼른 밥을 해서 먹고 가라는 뜻으로 여겨졌다.

그때 그 딸내미로 보이는 자매와 가정부로 보이는 자매가 2층에서 내려와 그 옆에 있었으나, 자신이 직접 밥을 지으려는 듯했다. (2025. 10. 3)

## 복

우리는 우리 주 예수 그리스도 안에서만 참 자유와 평화와 기쁨을 찾아 누릴 수 있다. 그리스도 안에 있는 자유를 벗어나는 즉시 방임과 방종에 빠지게 된다. 이것이 인간의 본능적 한계다. 무분별한 자유는 가중된 속박일 뿐이다. 누림은 반드시 그리스도 안에서만 가능하다는 사실을 깨달은 사람이 행복하다.

수도자는 수실에서 그리스도 안에 있는 그 선물들을 받아 누릴 수 있다. 고독과 침묵을 찾아 즐길 줄 아는 사람만이 맛볼 수 있는 독보적 은총이다. 그리스도 안에서 발견한 참 자유와 평화와 기쁨은 온전한 하나이며, 깊은 수실에서만 거둘 수 있는 믿음의 열매이다.

딸린 가족에 연연하지 말고, 가진 재산에 집착하지 마라.

돈이 있고, 쓰고 남는 돈이 있거든 이웃에게 나눠주어라. 부자로 죽기 위해 가난하게 사는 사람만큼 세상에서 어리석은 자도 없다. 먹고 싶은 것은 먹고, 가고 싶은 곳은 가고, 마음껏 누리며 즐겁고 행복하게 살아라.

주님이 이끄시는 대로, 그의 뜻대로 자유롭게 살아가는 사람이 행복하다. 자신의 건강을 과신하지 말라. 때가 되면 꽃은 시들고 인생은 기울기 마련이다. 졸리면 자고 졸리지 않으면 일어나 즐겁게 일하라. 억지로 놀거나 일하고 자면 피로도만 더할 뿐이다.

사람에게 좋고 나쁜 일은 원칙적으로 세상에 없다. 모든 것이 스스로 만든 산물이다. 자기 생각을 특별히 조심하라. 사탄이 지배하는 순간 지옥의 나락으로 떨어진다. 우리는 스스로 아무것도 할 수 없다는 사실을 알아야 한다. 이를 소크라테스는 '무지의 지'라고 했다.

'나는 모른다는 사실 외에는 아무것도 아는 것이 없습니다!'

인류의 역사는 하나님의 이야기로 시작하여 전개되다가 결국은 예수님의 이야기로 마무리하게 된다. 성경은 역사적 진실을 이야기하는 책이 아니라 구원의 진리를 선포하는 책이다. 예수 그리스도를 믿음으로 거듭난 사람이 하나님의 나라로 들어가 영생을 누리는 길이다. 이를 알고 믿어 누리는 사람만이 구원의 참 은혜를 맛볼 수 있다. 이것이 진정한 복이요, 본질적인 복이요, 시원적인 복이다.

## 사슴

　폭이 5미터, 높이가 2.5미터쯤 되는, 무슨 벙커같이 생긴 지하 통로가 보였다. 그 중간쯤에 위쪽이 뻥 뚫리고 양쪽을 가로막은 턱이 조금 있는 완충 지대가 있었다. 그 바닥에는 모래가 수북이 쌓여 있고, 어린 사슴 한 마리가 그 모래 속에서 허우적거리고 있었다.
　사슴이 그곳을 벗어나려고 애썼으나 몸통까지 푹푹 빠지는 모래를 빠져나올 수가 없었다. 그러다가 모래를 한 입 뿜었다가 다시 내뱉곤 했다. 비록 말은 못 해도 자기 처지를 비관하며 세상을 향해 분노하는 것처럼 보였다. 너무너무 민망하고 안타까웠다. 그 사슴이 바로 길을 잃고 헤매는 나처럼 느껴졌기 때문이다. (2025. 10. 3)

## 돌의자

　2025년 9월 18일 목요일, 수도학교 강의가 있었다. 이번 학기는 졸업생 특강이 네 번이나 배정되었고, 그중에 내가 첫 번째 강사로 나섰다. 소책자 <아토스 수도자들의 영적 에너지>를 모티브로 편집하여 발표했다. 그때 강사료를 주었으나 단호히 사양했다.

"제자가 어찌 스승에게 강사료를 받겠습니까?"

그리고 다음 날, 메시지가 왔다.
'임 목사님, 강의 잘 해주셔서 감사합니다. 잘 요약해 주셨습니다. 그런데 작은 강사비 거절하셔서 돌의자를 목사님의 이름으로 만들었습니다. '요한 클리마코(579~649) 임동훈 목사 중' 이렇게 새기고 있습니다. 고맙습니다. 수도원이 잘 이루어지기를 기도합니다. 법적 문제가 잘 해결되기를. 샬롬. 강문호 목사'

'아이고, 원장님요! 지난번에도 미드라쉬 책을 선물로 주시더니, 이번에도 이렇게 귀한 선물을 또 주시니 감사합니다. 사실은요, 세가 칠편 강의를 주로 하는데요. 주제는 많고, 그날 밤 1시경 일어나 밤을 새우다시피 하여, 몽롱한 상태 가운데 준비한 원고의 2/3쯤 강의했습니다. 그래서 두서없이 왔다 갔다 하면서 끝내게 되어 원장님과 학생들에게 실망을 끼친 것은 아닌지 염려됩니다. 늘 이렇게 보살펴 주셔서 감사합니다. 다음에 뵙겠습니다. 감사합니다. 임동훈 올림.'

2025년 초, 엘림원 농막에 추가로 쉼터 공사를 했다. 그때 남은 유바(u-bar) 조각을 연결하여 조잡하나마 십자가도 만들어 세웠다. 그리고 그 가로대에 매직펜으로 '엘림 은수처(Elim Hermitage)'라고 간판 대신 표지판도 세웠다. 그런데 농막을 쉼터로 전환하려고 면사무소에 신청했더니, 저장고와 창고가 거기 붙어 있어 건축법상 어렵다는 답변을 들었다.

그래서 읍내에서 건축사사무소를 운영하는 집사님에게 부탁하여 정식으로 건축허가를 받아 종교 시설로 등록하려고 했다. 그런데 그가 와서 살펴보고 이렇게 말했다.

"목사님, 이대로 그냥 사용하시는 것이 좋을 듯합니다. 제가 어찌어찌하여 허가를 신청할 수는 있으나 담당 공무원이 그냥 반려할 겁니다. 설계하여 새 건물을 짓는 편이 나을 것입니다. 약간의 과태료를 내고 할 수만 있다면 그렇게 하겠지만, 이것을 다 철거한 후 다시 지을 수는 없지 않습니까? 그래서 현실적으로 어렵습니다."

그래서 이 건물을 종교 시설로 사용할 수도 없고, 주민등록을 옮길 수도 없었다. 그래서 원장님이 그 법적 문제가 잘 해결되어 속히 개원할 수 있도록 하라는 것이었다. 하지만 나는 여전히 반신반의하며, 여건이 좀 더 조성되고 환경이 개선될 때까지 기다려 보기로 마음을 먹고 있었다.

# 사다리 요한

클리마코 요한(John of Climacus, 579~649)은 이집트 시나이 산에 있는 동방교회의 캐서린 수도원 원장이었다. 639년경 취임하여 649년 소천하기까지 수도원을 이끌었다. 수도사, 수도원 원장, 작가, 금욕주의자, 신학자로서 서방 라틴교회와 동방 비잔틴교회 양쪽의 성인으로 추앙받는다.

요한은 16세에 수련 수사(novice)가 되었으며, 21세인 600년경 캐서린 수도원에 입소하여 마르티리우스(Martyrius) 수도사의 가르침을 받았다. 얼마 후 그가 죽자 좀 더 엄격한 수도 생활을 위해 톨라스(Tholas) 마을에서 40년간 은둔생활을 했다. 이때 성인들과 교부들에 관해 공부한 것으로 짐작된다.

<거룩한 등정의 사다리>는 요한이 남긴 가장 중요한 저서로 비잔틴교회에서 성경책과 전례서 다음으로 많이 읽혔고, 서방교회에서도 인기를 누렸다. 교단과 종파를 넘어 고전적 위치를 차지한 이 책은 금욕적이고 영적인 삶의 성장을 추구하는 기독교 수도자들의 지침서로 오랫동안 사리매김해 왔다.

이 책은 수도사가 영적 수련과 훈련 과정을 통해 30계단의 사다리를 하나씩 올라가는 구조로 기록되었다. 그는 야곱의 사닥다리를 모티브로 차입했고, 30단계의 여정을 통해 다양한 영성 훈련의 주제들을 하나씩 풀어나갔다. 그가 제시한 천국의 주제는 이러하다.

1. 포기 / 2. 초연(超然, detachment) / 3. 순례(초심자의 꿈) / 4. 순종 / 5. 근면과 회개, 감옥 / 6. 죽음 / 7. 애통 / 8. 자유와 온유 / 9. 기억 / 10. 비방 / 11. 수다와 침묵 / 12. 거짓말 / 13. 낙담 / 14. 탐식 / 15. 순결 / 16. 돈과 탐욕 / 17. 가난 / 18. 무감각과 죽음 / 19. 잠과 기도 / 20. 철야와 수행 / 21. 비겁 / 22. 허영 / 23. 교만과 신성모독 / 24. 온유, 단순, 성실, 그리고 악의 / 25. 겸손 / 26. 분별 / 27. 독거 / 28. 기도 / 29. 지상천국과 영혼 부활 / 30. 삼위일체

 수도사는 시간과 장소와 문제를 떠나서 계명과 하나님의 말씀에만 매달립니다.
 수도사는 자기 존재와 항상 씨름하며, 자신의 감정을 확실하게 감시합니다.
 수도사는 육신을 거룩하게 하고, 혀를 정결하게 하며, 마음을 계몽합니다.
 수도사는 자나 깨나 끊임없이 죽음을 기억함으로써 고통받는 영혼입니다.

## 빗소리

어제 추석날부터 오늘 새벽까지 비가 계속 내렸다. 수확을 앞둔 과수원에 대한 이런저런 걱정에 휩싸이고, 육신의 저항력까지 떨어져 사전에 지어놓은 관절 약을 먹고 한숨 자고 일어났다. 거기 진통제가 들어 있고, 일정 부분 수면제의 역할도 했기 때문이다.

그때 다소 힘이 된 것은, 그들이 누구인지 알 수는 없지만, 한 사람은 연세가 좀 지긋하고 다른 한 사람은 다소 젊은 분, 그들이 밤새 나를 위해 기도해 주었다는 것이다. 빗소리가 심하면 더욱 열심히 기도하고, 빗소리가 좀 잦아들면 다소 여유를 갖고 기도해 주었다. 나는 밤새 그 빗소리에 귀를 기울이며 긴장하고, 그들은 그 소리에 장단을 맞춰 잠시도 쉬지 않고 기도해 주었다. (2025. 10. 7)

## 재가 수도사

재가(在家) 또는 재속(在俗) 수도사는 성직자나 수도자가 아닌 평신도 수도단체의 회원이다. 일반 수도회 소속이 아니라 제3의 회 또는 외부 회에 속한 사람들로서, 수도원의 엄격한 규칙에서 벗어나 다소 느슨한 방식이지만, 가정이나 직장, 사회 속에서, 청빈과 정결, 순종의 복음삼덕을 실천하기 위해 끊임없이 자기 성찰을 이어간다.

평신도 수도사 제도는 13세기 아시시의 성 프란치스코에 의해 '작은형제회'로 출발하여 현대 수도 생활과 아름다운 조화를 이루며, 천주교뿐만 아니라 정교회, 성공회 등에서도 도입하고 있다. 아울러 한국 개신교에서도 충주봉쇄수도원 등을 통해 자연스럽게 받아들이고 있다.

이들은 각자의 교회와 사회 구성원으로 자신의 현 위치에서, 빛과 소금의 역할을 감당하며 수도원 운동에 이바지한다. 세상 속에서 성화를 이끌며, 이웃 사랑과 친교 활동 등으로 축성 생활을 이어간다. 프란치스코회의 경우 5년간의 수련 기간이 끝나면 자유롭게 포기할 수도 있지만, 종신 서원의 경우 소속한 수도회의 심사를 거쳐 제명의 절차를 밟아야 한다.

아울러 교회나 수도원, 학교, 병원, 교도소 등에서 자원하여 봉사하며, 교육과 지도, 기후와 환경, 의료와 평화 등 국제적 교류도 활발히 수행한다. 하지만 신분은 여전히 평신도를 유지하며, 새벽과 9시, 12시, 15시, 저녁까지 하루 다섯 번 전후의 기도 생활을 이어간다.

## 오수

　사람이 목욕은 자주 할 수 있었으나, 목욕탕 배수가 시원찮아 늘 개운치가 않았다. 욕조 속에는 항상 오수가 남아 있었고, 그 오수 위에 매트리스를 깔고 잠을 잔 듯 기분이 늘 찜찜했다. 그러던 어느 날 물을 내렸더니, 콸콸 소리를 내면서 쭉쭉 빠져나갔다. 속이 시원하였다.

　하지만 일부 찌꺼기가 보여 다시 한번 물을 내렸더니 그때 완전히 깨끗해진 듯했다. 그런데 껄떡껄떡하더니 다시 오수가 차오르기 시작했다. 수도 뚜껑을 열어 보니 연결부분의 핀이 빠져 있었다. 그 구멍에 철사를 끼워 꽉 조이면 해결될 것으로 보였다. (2025. 10. 10)

## 치인

한 사내가 대놓고 말했다.

"저는 치인(癡人)[9]을 위한 봉사자로서 미혼 여성입니다. 세상에서 가장 작은 차를 타고 다니며, 오늘도 그들을 찾아 섬기고 있습니다. 이는 제 평생의 임무이자 사명입니다."

---

9 　어리석고 미련한 자, 사회적으로 소외된 자를 말한다.

여기서 치인은 단순히 어리석은 사람이 아니라 미혼모를 가리키는 듯했다. 그녀가 다시 말했다.

"사실 저도 치인이며, 치인을 위한 치인입니다." (2025. 10. 11)

## 밀애

단기 연체자에 대한 신용 회복이 정부 차원에서 시행되었다. 나의 신용 점수가 500점 대에서 900점 대로 다시 올라갔다. 그에 따라 대출금 이자도 조금 낮아졌다. 지난 정부에 이어서 이번 정부에서도 그 혜택을 받았다.

하지만 지난번과 마찬가지로 이번에도 내 명의로 남아 있는 대출금 이자를 집 소유자가 갚지 않았다. 저당권자인 금고에서 다시 연체자로 등록하겠다는 연락을 받았다. 언제 이 빚의 수렁에서 벗어날지 정말 답답했다.

"또, 야! 또. 또. 또!"

이제는 정말 징그럽다는 생각이 들었다. 그놈의 대출금, 지난 5년간 마음이 편할 날이 하루도 없었다.

'그놈의 연체자! 신용 불량자! 하지만 어쩌겠는가? 나도 내 마음대로 할 수가 없으니, 어쩌면 그들도 사정이 있을 것이니.'

이렇게 나는 빚의 분노와 약자의 비애를 두 가슴에 품고 47

년째 살아가고 있다.

"나의 빚, 남의 빚, 양심의 빚, 도덕의 빚, 윤리의 빚, 물질의 빚, 또 빚, 그리고 빚, 그놈의 빚덩어리!"

오늘도 잎 솎기, 방제 작업 등 이런저런 일로 몹시 피곤했다. 그런데 금고에서 날아온 문자메시지가 나를 더욱 고달프게 만들었다. 작년까지는 품꾼을 쓰지 않았으나 올해는 일꾼을 쓸 수밖에 없었다. 체력도 그렇지만, 잦은 비로 일조량이 부족해 일정을 맞출 수가 없었다.

그리고 환상 속에서, 한 여직원이 나의 사정을 헤아려 도와주었다. 내 명의로 된 채무를 실소유자의 명의로 바꿔준 것이다. 그것이 계기가 되어 우리는 점차 밀애에 빠졌다. 이성적 사랑으로 진전되고 있었다.

급기야 어느 구석진 곳에서 우리는 서로 껴안고 입술을 맞추었다. 그녀가 혀를 날름날름 내밀어 보였다. 그 붉고 연한 속살을 보니 오랜만에 기분이 야릇했다.

그때 사람들이 우리를 보고 소문을 내기 시작했다. 결국 금융기관에서 그녀를 문책하려고 했다. 나에게 특혜를 베풂으로써 그 회사에 부담을 안겨주었다는 것이 사유였다. (2025. 10. 12 아침)

## 동행

어린 아들과 함께 학교를 찾아가고 있었다. 시장 샛문 고갯길에서, 그 어미와 아들이 서로 인사하고 헤어지게 되었다. 그것이 못내 아쉬운 듯 아들은 조금 가다가 뒤돌아보고, 또 돌아보기를 반복했다. 그때마다 그 어미도 그 샛문 어귀에 서서 아들을 바라보고 손을 흔들었다. 결국 아들이 눈물을 글썽거렸다. 나는 그것이 못마땅해 아들을 나무라며 손목을 잡고 끌고 갔다.

시장통을 지나 다시 시장길을 가로질러 가면서, 아들과 그 어미가 서너 차례 그렇게 이별의 아쉬움을 반복했다. 아들은 돌아보고 손을 흔들며 울먹거렸고, 어미는 그 자리에 계속 서서 손을 흔들며 아쉬워했다. 처음에는 아들을 나무라며 다그쳤으나 나중에는 아들뿐만 아니라 그 어미도 불쌍하다는 생각이 들었다.

그렇게 시장통을 몇 번 지나갈 때, 그 어미가 호두과자를 한 봉지 사서 아들에게 건네주며 손을 흔들었다. 아들이 받아 들고 역시 손을 흔들었다. 어쩌면 그것이 아들과 어미의 마지막 시간이 될지도 모른다는 생각이 들었다. 한없는 연민의 정이 일어났다. 아들뿐만 아니라 나도 눈시울이 붉어졌다. 그래서 아들에게 말했다.

"같이 가자고 해라!"

아들이 그제야 안심한 듯 그 어미에게 말했다.

"엄마, 같이 가!"

그러자 그 어머니도 기다렸다는 듯이 선뜻 아들의 뒤를 따랐다. 하지만 나는 여전히, 평소와 다름없이, 그 어미에게 말 한마디 하지 않고 눈길 한번 주지 않았다. 그렇게 우리는 시장통을 몇 번 지난 후, 택시도 타고 버스도 타며, 좁은 골목길을 통해 학교를 찾아갔다.

이윽고 학교 담장 옆에 철문이 보였다. 정문은 아니고 샛문이었다. 그 문 아래 낡고 오래된 개구멍이 보였다. 안쪽의 약간 비탈진 언덕에 철문이 또 있었으나, 자물쇠로 굳게 잠겨 있었다. 그 두 문 사이에는 성벽이 둘러싸여 있었고, 사람은 고사하고 들개조차 지나간 흔적이 없었다. 그 아래 희미한 글귀가 보였다.

'사정상 출입문을 폐쇄합니다. 좌측 정문을 이용하십시오.'

자세히 모르기는 했지만, 코로나 사태 때 폐쇄한 것으로 짐작되었다. (2025. 10. 12. 밤)

## 참깨

참깨를 베어 미국의 펜타곤처럼 오각형 형태로 둘러 세우고, 그 위에도 참깨를 베어 덮었다. 그렇게 두 무더기를 만들고, 두 진보 인사의 서평까지 받아 그 위에 올렸다. 그곳은 비를 피해 만든 공간으로 기둥과 지붕이 있었다.

그런데 비 맞을 염려는 없었으나 다른 걱정이 있었다. 요즘 날씨가 계속 흐리고 비가 많이 와 습도가 높았다. 고온다습으로 잎이 마르지 않고 뜨거나 곰팡이가 피게 되면 참깨가 싹이 나고 썩을 수도 있었기 때문이다. (2025. 10. 13)

## 제5편

# 지리산
### - 은자의 자유

## 바비큐 파티

한국 개신교 수도원 수도자들이 한자리에 모여 간담회를 준비하고 있었다. 회식을 위해 바비큐 파티를 준비한 듯했다. 통돼지를 잡았는지 송아지를 잡았는지 모르지만, 모두가 축제 분위기에 휩싸여 야외에서 모닥불을 쬐고 있었다.

하지만 뭔가 되는 일도 없고 안 되는 일도 없이, 모두가 그저 눈치만 살피고 있었다. 그래서 내가 주변에 있는 통나무와 기둥들을 모아 모닥불 위에 올려놓았다. 불이 활화산처럼 타오르며 사람들이 속속 모여들었다. 그때 비로소 사람들이 활기를 띠며 축제 분위기가 살아났다.

그런데 그 불이 요원의 불길처럼 엄청난 기세로 퍼지기 시작했다. 그 건물의 지붕은 물론이고, 하늘의 지붕까지 다 태울 기세로 치솟아 심히 두려웠다. 혹시 무슨 변고가 생기면 그에 따른 책임은 전적으로 나에게 있다는 사실을 경험상 잘 알고 있었기 때문이다. (2025. 10. 14)


## 패

작은 자매와 바둑을 두었다. 경륜이나 실력으로 자매와는 상대가 되지 않았다. 하지만 약간의 실수만 해도 승패는 언제든지 뒤집힐 수 있었다. 그래서 신중할 수밖에 없었고, 한 수 한 수 정신을 가다듬고 두어 나갔다.

그때 좌측 변에 큰 패가 걸렸다. 나는 다소 여유가 있었다. 일단 보류해 두고 다른 곳에 두었다. 거기서 승패가 결정된 듯했다. 그러자 자매가 마지막 승부수로 다시 그 패로 돌아가 두었다. 그래서 내가 패를 받았다.

그때 우리 옆에 접힌 호스가 있었다. 그것이 쭉 풀리며 물이 쫙 쏟아져 나왔다. 자매가 그것을 보고 시기하여 말했다.

"다 포기한 것처럼 가만히 있다가 이제 와서 또 무슨 패는 패야?"

자매는 항상 말 같지도 않은 핑계를 대며 나를 코너로 몰아갔다. 그때 무엇인가 다른 의미가 깃들어 있었지만, 나는 더 이상 아무것도 생각하고 싶지 않았다. 이미 주사위는 던져졌고, 나는 머나먼 수도의 길을 따라 삼층천으로 올라가고 있었으며, 다시 고달픈 은자의 삶을 따라 오봉산을 등정해야 했기 때문이다. (2025. 10. 15)

## 열쇠

어느 교회에서 예배를 위해 준비하고 있었다. 여성 목회자가 시무했으나 무슨 사정으로 교인들과 함께 자리를 비웠다.

그래서 내가 그 예배를 위한 열쇠를 가지고 있었다. 하지만 그것이 잘 맞지 않아 예배를 준비하지 못한 채 초조하게 기다리고 있었다.

예배 시간이 거의 다 되었을 때, 그 여성 목회자의 남동생이 헐레벌떡 달려와 내가 가진 열쇠를 받아 옆으로 가더니 한 작은 서류함을 열었다. 그 속에 아래위로 두 개의 서랍이 더 있었다. 위쪽 서랍을 여니 열쇠 꾸러미가 있었다. 그것을 들고 예배를 준비하러 나갔다. 그 모습을 보고 내가 말했다.

"진짜 열쇠가 거기 있는 줄 내가 어떻게 알겠는가?"

"그러니까 비밀 열쇠 창고지."

하지만 그도 그 열쇠 꾸러미로 예배를 준비하려고 했으나 그 또한 맞지를 않았다. 그가 안절부절못하고 있을 때, 그 누나 목회자가 도착했으나 그 역시 사용하는 방법을 몰라 당황하는 모습을 보였다. 무엇이 어디에서 잘못되었는지 정말 난맥상이 계속 이어졌다.


오늘 수도학교 수업이 있었다. 이미 졸업은 했으나 보충 수업차, 그리고 문안 인사차 하루 더 출석하려고 했다. 그래서 평소와 다름없이 4시경 일어나 씻고 기도한 후 간단히 아침을 챙겨 먹었다. 그리고 밥그릇을 개수대에 넣는 순간, 싱크대 턱에 걸려 바닥에 떨어지며 박살이 났다. 사기그릇이라 산산조각이 나면서 사방으로 흩어졌다. 처음 겪는 일이라 뭔가 불길한 예감이 들었다.

'이게 무슨 일이지. 어떤 징조를 보인 것인가?'

깨끗이 쓸어 쓰레받기에 담아 밖으로 가지고 나갔다. 우리 교회 옆에 묵밭이 있었다. 예전에 우리가 살던 집이었으나 주인이 철거하고 묵힌 땅으로 잡초가 우거져 있었다. 그곳에 던지며 선포했다.

"이것이 주님의 뜻이라면 합력하여 선을 이룰지어다! 혹시 악한 자의 훼방이라면 산산이 부서진 이 조각들과 함께 사라질지어다!"

그때 가을장마로 비가 억수같이 쏟아지고 있었다. 아침 먹고 바로 출발하려고 미리 옷을 챙겨 입었으나 흠뻑 젖고 말았다. 다시 방에 들어가 양복으로 갈아입은 후 7시경 수도원을 향해 출발했다.

"오, 주여! 오늘도 성무 일과 하소서. 안전운전 무사고 운행하도록 눈동자같이 지켜주소서. 저는 주의 손에 들린 하나의 도구일 뿐입니다. 주의 선하신 뜻대로 사용하여 주소서. 아멘."

그리고 논스톱으로 기도하며 달려더니 10시경, 3시간 만에 수도원에 도착했다. 좀 피곤하기는 했으나 수업을 잘 마치고 돌아왔다. 그날 특별한 일은 없었다. (2025. 10. 16)

## 여행길

어디인지 목적지도 모르고, 아무 목표도 없이 그냥 긴긴 여행을 계속하고 있었다. 기차를 타고 가던 중 고향 친구 '바른나무'가 벌떡 일어나 말했다. 그는 우리 맞은편에 앉아 줄곧 졸았다.

"아, 잘 잤다. 이제 내려야겠다."

그리고 다짜고짜 창문을 통해 뛰어내렸다. 그때 기차는 어느 나지막한 교량을 지나가고 있었다. 거기서 그는 수영을 즐기려는 듯했다. 그 아래쪽에 맑고 푸른 강이 있었다. 어딘지 알 수는 없었지만, 모터보트나 수영을 즐기는 유원지 같았다.

나와 자매는 기차로 좀 더 여행을 계속하다가 승용차로 바꿔 탔다. 어떤 사람들이 뒤에서 라이트를 번쩍이며 따라와 갓길로 비켜 주었다. 다시 자전거를 타고 오솔길로 접어들었다. 여전히 내 뒤에는 자매가 타고 있었다. 자매는 어디를 가도 항상 짐만 되었다.

그러다가 어느 작은 도시에 도착했다. 순례객들이 여장을 푸는 모습이 보였다. 야영하려고 텐트를 치는 사람들도 있었다. 그때 자매가 말했다.

"우리는 호텔에 들어가요."

'이년이 미치지 않고서야?'

그렇게 속으로 말했으나 그것은 사실이었다. 평생 그런 적이 한 번도 없었기 때문이다. 코로나 사태 후 정신도 온전치 않았다. 아무튼 호텔은 그 읍내에 하나밖에 없었다. 이름은 호텔이지만 그리 크지도 않고 호화롭지도 않았다. 하지만 거기서는 가장 큰 건물이었다. 그래서 속으로 다시 중얼거렸다.

'여자구실도 못 하는 주제에!'

이후 우리는 어디서 어떻게 여행을 계속했는지 알 수 없다. 다만 모든 여정이 거의 끝난 듯 평안하다는 느낌이 들었다. 자매도 더 이상 나를 힘들게 하지는 않을 듯이 보였으나 확실치는 않았다. (2025. 10. 20)

## 출입증

물어물어 옛 직장, 옛 부서장을 찾아갔다. 나는 인사 발령을 받고도 그 업무를 인수하지 못했다. 단 하루도 같이 근무하지 않고, 조직 개편으로 그 부서가 아예 없어졌다. 하지만 그는 나에게 가장 좋은 자리로 다시 인사이동을 시켜 주었다.

그는 인품이 고상하고 부하 직원에게 더욱 친절했다. 매사에 업무를 깔끔히 처리하여 모든 사람의 존경을 받았다. 그는 최초의 지자체 선거에 출마하기 위해 부이사관으로 퇴임했다. 1980년, 그러니까 45년 전의 일이다.

그가 근무하는 곳으로 어렵게 찾아갔다. 직원 서너 명과 함께 외부에서 일을 보고 있었다. 자초지종을 얘기했으나 기억하지 못했다. 하지만 옛 부하 직원이라는 말에 즉시 인사과에 전화를 걸어 부탁했다.

잠시 후 인사과 직원 서너 명이 손수레에 출입증과 서류 등을 싣고 왔다. 그 위에 인쇄된 네 명의 출입증이 얹혀 있었다. 그들 중에 팀장으로 보이는 사람이 말했다.

"수수료 4,000원은 개인이 부담해야 합니다."

그가 단숨에 말했다.

"뭐야? 그냥 해 줘야지."

"아이, 참! 지난 4년간 아무 연락이 없다가?"

"부득이한 사정이 있었던 게지."

그렇게 해서 나는 수수료 없이 출입증을 다시 받을 수 있었다. 지난 4년간 잃은 신분이 회복되어 마음이 뿌듯했다. 그때 그의 얼굴을 자세히 보니, 그는 그 옛날 그 부서장이 아니었다. 그분은 얼굴이 희고 외모가 깔끔하며 목소리도 차분했지만, 이분은 얼굴이 검고 수염을 길러 야성적이고 목소리도 걸걸했다. 성도 천 씨가 아니라 진 씨였다. 다만 그 이름만 같았다. (2025. 10. 21)

## 용모 단장

어느 강의실 맨 앞자리에 앉아서, 여러 사람이 지켜보는 가운데 무슨 재주나 부리듯, 그것도 인위적으로 만든 조잡한 기구를 이용하여, 씻고 감고 다듬으며 용모를 단장했다. 내가 봐도 그건 좀 아닌 것 같았으나 은연중에 그 일이 그렇게 되었다.

그리고 옆 건물 복도를 통해 낡은 봉고차를 몰고 지나갔다. 입구부터 온갖 플라스틱 상자며 잡동사니가 앞길을 막았다. 그 길도 좁고 구부러진 각도 커서 정말 예삿일이 아니었다. 하지만 믿는 구석이 하나 있었다. 언젠가 그 길을 그 봉고차로 어렵게나마 한번 지나간 적이 있었기 때문이다.

'그래, 이 리을(ㄹ) 자 지하 통로만 지나가면 넓고 탁 트인 큰 길이 나오게 되어 있어.'

그 경험칙 하나만 믿고 아무렇게나 버려지고 수북이 쌓인 물건들을 하나씩 둘씩 치워가며 조금씩 앞으로 나아갔다. 우회진과 좌회전이 어려워 후진으로 차를 조금씩 밀어 넣었다. 얼마 후 저만큼 어딘가쯤에서, 그 밝고 환한 출구가 나올 것처럼 여겨졌다. 하지만 그 결과는 보지 못했다. (2025. 10. 22)

## **책임성**

어느 무더운 여름날, 일을 마치고 귀가하다가 도로 옆 가로수 그늘에 잠시 머물러 쉬었다. 그때 우리 가운데 생활이 어려운 친구가 자전거를 타고 오다가 미끄러지며, 우리 바로 앞 보도에 비스듬히 쓰러지는 모습이 보였다.

그는 마음씨는 착했으나 생활고에 시달리는 나의 친구였다. 소문으로 듣기에는 요양사로 열심히 살아가고 있었다. 그래서 일면 대견스러워 격려해 주고 싶었다. 그때 '다섯 규정' 친구도 그 옆에 있다가 격려해 마지않았다.

그런데 그 '종말 백성'이 평소 좋아하는 술과 바둑, 당구 등의 향수를 완전히 버리지 못한 듯, 요양사의 본분을 뒤로 하고 길가에 있는 지하 다방으로 들어갔다. 그때 '다섯 규정' 친구는 자신의 사회적 책임을 다하려고 그와의 교제를 포기하고 떠나갔다. 하지만 나는 그 연민의 정 때문에, 그에 따른 책임성보다 친구의 우정을 우선하여 그와 함께 다방으로 들어갔다.

거기 다방 아가씨가 대기하고 있었다. 우리를 맞아 구석진 자리로 이끌었다. 때마침 휴대용 바둑판이 그 탁자 아래 있었다. 그래서 오랜만에 바둑을 한판 두려고 했다. 그때 동네 불량배로 보이는 몇 사람이 다가와 집적거렸다. 그 친구도 질 새라 발끈하며 시비가 붙었다.

아무리 그래도 이것은 아니다 싶어 가까스로 그 친구를 말려 밖으로 나왔다. 그때 또 다른 바둑쟁이 친구 '기상 홍미'가 들어오다가 화장실로 들어가는 모습이 보였다. 그동안 그도 무슨 고생을 했는지 얼굴이 주름투성이였다.

그와 함께 그 친구를 설득하여 요양사의 직무에 충실하도록 적극적으로 권했다. 하지만 그 친구는 여전히 주색잡기의 미련을 버리지 못하는 듯했다.

이후 수도자 모임에서, 다섯 수도사가 자신의 책임을 다하는 모습이 보여 내심 뿌듯함을 느꼈다. 하지만 나는 아직도 세상에 대한 이런저런 인간적인 정에 얽매여 완전한 포기를 하지 못한 듯했다. 그 모진 인간적 정과 필연적 수도의 책임성 사이에서 여전히 오락가락하며 결단을 내리지 못했다.
(2025. 10. 24. 새벽)

## 구원의 길

내 앞에 있는 큰 나무를 쳐다보니, 앙상한 가지에 독수리 같은 맹금류가 떼로 앉아 있었다. 그중에 한 마리는 수탉을 통째로 잡아먹은 듯 그 꼬리를 물고 있다가 마저 삼키는 모습이 보였다. 그 맞은편 나뭇가지에도 그와 같은 맹금류가 있었고, 그중에 한 마리가 수탉을 통째로 삼키고 있었다.
 '아니, 저놈들이 어떻게 수탉만 골라서 잡아먹지?'
 그리고 주변을 둘러보니, 아닌 게 아니라 여러 개의 닭장이 그곳에 모여 있었다. 그런데 모두가 하나같이 위생적으로 엉망이었다. 더럽다기보다는 거의 똥통 수준이었다. 그 속에 칠면조로 보이는 다소 큰 놈도 예닐곱 마리 있었으나, 질퍽한 똥물 위에 한 줄로 부들부들 떨면서 서 있었다.
 그 옆쪽 철망에는 중병아리 너덧 마리가 안으로 들어가지 못해 이리저리 돌아다니는 모습도 보였다. 그 앞에 있는 어설픈 문을 살짝 열어 안으로 들어가도록 유도했으나 오히려 더 멀리 달아났다. 그러다가 진창에 빠져 결국은 헤어나지 못하고 축 늘어지고 말았다. 철망 바깥은 오물이 겹겹으로 쌓인 오수 구덩이였다.
 거기서 그들이 스스로 빠져나올 방법은 거의 없었다. 두어 마리를 간신히 붙잡아 안쪽으로 밀어 넣었으나 오물로 뒤범벅이 되어 일어나지 못했다. 나머지는 점점 더 깊은 구덩이로 빠져들어 다 죽을 듯했다. 내 몸만 더러워질 것이 뻔하여 더 이상 손쓸 필요성을 느끼지 못했다.
 그 옆에도 그런 닭장이 몇 개 더 있었으나 모두 그와 같았다. 한 마리도 살릴 수가 없어 보였다. 나무 위의 맹금류들이 그들 가운데 우선 덩치 큰 수탉을 골라 한 마리씩 잡아먹는 듯했다. 거기서 내가 할 수 있는 일이라곤 아무것도 없었다.

다른 곳에 깨끗한 닭장을 새로 짓고, 그들을 모두 그리로 옮긴 후, 마이신 같은 항생제를 사다가 먹이기 전에는 한 마리도 살릴 수가 없어 보였다. 하지만 나는 그럴만한 시간도 없고 여유도 없었다.

 이것이 무엇을 의미하는지, 나는 어떻게 대처해야 할지 몰라 답답했다. 내 주변에 있는 사람들을 전도해야 한다는 뜻은 큰 틀에서 맞을 것으로 보였지만, 그 방법을 몰라 더욱 갑갑함을 느꼈다.

 서울에서 내려와 우리 교회와 농장에서 봉사하는 C 집사, 이런저런 일로 날마다 분주하게 살아가는 K 집사, 울산에서 귀촌하여 개종을 망설이는 P 성도 등이 가장 먼저 생각났으나 아무 대책이 없다는 사실에 기도할 수밖에 없었다.

 그들은 아직 구원의 말씀을 받아들일 준비가 덜 된 듯했다. 그렇다고 모른 척하고 그냥 내버려둘 수도 없었다. 그래서 날마다 주님의 긍휼을 구하며 기도했다. 때가 되면 주님의 뜻이 이루어질 것이라 믿었기 때문이다. (2025. 10. 24. 저녁)

## 수도명

 우리는 보통 태어나 7일 만에 이름, 그 속명을 갖게 된다.

주로 부모가 지어 주며 항렬에 따라 돌림자를 쓰기도 한다. 간혹 부모의 소망을 담아 그 이름을 짓기도 한다. 하지만 무속을 의지하는 사람은 작명가의 도움을 받거나 금전이나 출세 운 등을 담아 그 이름을 짓기도 한다.

그리고 종파에 따라 조금씩 다르기는 하지만, 세례를 받을 때는 세례명을 받고, 수도자로 서원할 때는 수도명을 받는다. 수도명은 수련을 시작할 때나 수도자로 서원할 때 받게 된다. 주로 자신이 소속한 수도회의 성인 이름을 따서 짓는다.

수도회에 따라 다르지만, 세례명을 대체하여 수도명을 쓰기도 하고, 세례명에 추가로 붙여 사용하기도 한다. 이는 나의 옛사람은 죽고 성인의 새 사람으로 거듭난다는 의미가 들어 있다. 수도명은 아빠스(Abbas, 수도원장)나 아빠티사(Abbatissa, 수녀원장)가 부여하며, 본인이 스스로 짓지는 않는다.

> '내가 진실로 진실로 네게 이르노니, 사람이 거듭나지 아니하면 하나님의 나라를 볼 수 없느니라.'(요한복음 3:3)

"클리마코 임동훈!"

여기서 클리마코(Climacus)는 '사다리'나 '계단'을 의미한다. 그의 저서 〈거룩한 등정의 사다리〉에서 차입했다. 이는 수도원 원장이 100명의 성인 가운데 한 분을 선정하여 돌의자에 새겨준 나의 수도명이다.

"티테디오스 임동훈!"

그리고 티테디오스(Titedios)는 '절대 염려하지 않는 사람'이라는 뜻으로 1세기 초대교회 성도들이 그 이름 앞에 붙여 불렀다. 이것도 나의 별칭이다.

## 포터 여행

화물차 1톤 포터를 타고 서너 명이 여행하고 있었다. 차가 어느 배추밭에 들어갔다. 어떤 사람이 와서 배추를 뽑아 가려고 했다. 주인인가 싶었더니 주인은 아니고, 그 주변에 사는 이웃이었다. 주인이 수확하고 남은 배추를 몇 포기 뽑아 가려는 듯했다.

그때 포터 밑에서 하얀 어미 닭이 흰 병아리를 십여 마리 몰고 나타났다. 그 사람이 그 닭들을 보고 말했다.

"이놈들이 배추를 다 뜯어 먹을까 걱정되네."

그리고 그중에 똘똘한 병아리 한 마리를 붙잡아 말했다.

"이놈을 가져다가 잘 키워야지."

그 모습을 보고 우리는 다시 여행을 시작했다. 다들 화물칸에 타고 있었다. 조금 가다가 보니 화물칸 문이 양쪽으로 다 열려 있었다. 차는 천천히 갔으나 한쪽으로 쏠리면 다 미끄러져 떨어질 듯했다. 차를 세우고 문을 올려 고정한 후 다시 출발했다. 한층 안정감을 느꼈다. 두 발을 쭉 펴고 비스듬히 기대 누워 잠시 잠을 청했다. (2025. 10. 26)

## 인삼

어디서 인삼을 캔다는 소문을 듣고 찾아갔다. 이미 많은 사람이 몰려와 북적대고 있었다. 그런데 그곳이 어느 도시 작은 슬라브 주택 3층 옥상이라고 했다. 2층에서 줄사다리를 타고 3층으로 올라갔다. 나도 그들 틈에 끼어 있다가 마지막으로 사다리를 탔다.

작은 바람에도 흔들거리는 줄사다리를 타고 곡에 하듯 마지막 계단까지 올라갔다. 그러고 보니 그야말로 손바닥만 한 콘크리트 옥상이었다. 아무리 봐도 인삼을 캘만한 장소가 아니었다.

그때 어떤 사람이 바로 그 사다리가 걸린 3층 난간에 앉아 도시락을 먹었다. 더 이상 아무도 올라오지 말라는 뜻으로 짐작되었다. 그래서 한마디 했지만 아무 대꾸가 없었다.

"아니, 저 안쪽 구석에서 차분히 앉아 먹지, 왜 여기 길목에서?"

그러고 보니, 그 안쪽에도 이미 몇 사람이 앉아 도시락을 먹고 있었다. 그때 점심시간이었다. 2층 옥상에서 3층 옥상까지 연결된 그 줄사다리가 약 3미터쯤 되었다. 다시 뒷걸음질로 2층 옥상으로 내려왔다.

그때 어떤 사람이 1층 바닥에서 나를 쳐다보며 조심스럽게 말했다.

"이른 아침에 사람들이 올라가 이미 다 캤어요. 거기는 이제 아무것도 없어요. 그러니 내가 아침에 캔 이 인삼을 사세요. 한 뿌리에 5,000원에서 10,000원쯤 해요."

나는 그 말을 곧이곧대로 믿지 못해 그를 외면했다. 다만 그가 준 정보는 내가 직접 본 바와 같다는 생각이 들어 그곳을 빠져나왔다. (2025. 10. 26)

## 동동주

어느 시장 골목길을 지나다가 한 민속주점 앞에 멈춰 섰다. 사람들이 북적거려 인기가 좋은 곳으로 보였다. 그래서 옆 사람에게 말했다.

"우리도 여기서 목이나 좀 축이고 잠시 쉬었다 가자."

그래서 그 안으로 들어갔다. 홀에서 서비스하는 사람은 없고, 안쪽 가운데 30대 중반쯤으로 보이는 주모와 그 어린 딸이 앉은뱅이 의자에 앉아 있었다. 주모는 술을 빚고 딸은 팔았다. 나머지는 모두 손님이 직접 가져다 먹었다. 그래서 우선 동동주 하나를 달라고 했다. 주모가 대답했다.

"김 한 장은 주셔야 합니다."

그때 나는 파래김 한 속을 가지고 있었다. 그중에 한 장을 뽑아 주었다. 온 장이 아니라 숟가락에 얹어 먹는 작은 조각이었다. 그것도 구멍이 숭숭 나 있어 실제로 김은 얼마 되지 않았다. 부실하기 짝이 없고 세상에서 가장 싼 김이었다. 그 딸이 말했다.

"예, 이거면 됐어요."

그렇게 동동주를 한 팩 받아 한쪽 구석진 자리에 가서 앉았다. 자매에게 기도하라고 했다. 그런데 무슨 기도를 어떻게 해야 할지 몰라 나만 쳐다보았다. 자매는 평생 술이라곤 입에 대지 않았다고 한다. 그 사정을 알고 내가 대신 기도했다.

"오, 주여! 오늘도 이 귀한 음식을 주시니 감사합니다. 이를 먹고 마실 때마다 영육 간에 건강하게 하시고, 가정을 회복하게 하시고, 부부관계도…."

그때 그 기도가 내가 봐도 너무 어색하고 민망하게 다가왔다. 평소 마시지 않는 동동주이며, 가정과 부부관계의 회복 등이 너무나 낯설고 어설프게 다가왔다. 우리는 약 15년 전부터 이런저런 사정으로 각방을 쓰고 있었기 때문이다.

그래서 그 순간 충격을 받아 현실로 돌아오고 말았다. 그리고 이런 일련의 일들이 무엇을 계시하고 경고하는지 알 수가 없어 답답했다. (2025. 10. 26)

## 여자애

    6시경 저녁을 조금 챙겨 먹고 잠시 자리에 누웠더니 이상한 환상이 보였다. 잠이 들듯 말 듯한 상태에서 아주 생생한 모습이었다.

    작은 여자애가 내 발치에 누워 있다가 갑자기 발작을 일으켰다. 처음에는 한쪽 팔을 비틀다가 나중에는 양쪽 팔을 다 비꼬며 내 앞으로 다가왔다. 하지만 나는 어쩔 도리가 없었다. 그저 지켜보기만 했다. 그러다가 결국은 곤두박질치며 저만큼 나가떨어졌다. 간질 같기도 했으나 어쩌면 귀신이 들린 것 같기도 했다.

    그때 그 작은 여자애가 어쩌면 어린 딸 같기도 하고 막내 여동생 같기도 했다. 사실 내 딸애와 막내 여동생은 많이 닮았다. 그래서 그 자리에서 벌떡 일어나 벽에 기대앉아 기도하게 되었다.

    "오, 주여! 저는 죄인입니다. 이 부덕한 종으로 인해 작은 여자애가 어려움을 당하지 않도록 눈동자같이 지켜 주십시오." (2025. 10. 27)

## 장로 연설

어느 연병장 같은 잔디밭에서, 야외 마이크 대여섯 대를 일렬로 설치하고 장로들이 그 서열대로 서서 연설하기 시작했다. 어느 마이크에는 장로들 4명이 한꺼번에 각자 우산을 쓰고 서 있었다.

그때 나도 그 행사에 직간접적으로 관련된 것으로 보였으나 그 맞은 편에서 군중과 함께 지켜보고 있었다. 그리고 그 연설이 끝난 후, 그들의 원고를 모두 모아 보관하려고 했다.
(2025. 10. 28)


## 콘크리트못

무슨 방패 같은 것이 많이 낡아 보수하고 있었다. 방부 처리한 각목을 바닥에 대고, 그 위에 얇은 아크릴을 얹어 못을 박았다. 그런데 그 못이 자꾸 구부러지며 잘 박히지를 않았다. 그래서 목수에게 그 일을 부탁했다.

하지만 그 목수도 마찬가지였다. 새 못을 갖다주었으나 그 또한 박으면 꼬부라지고, 또 꼬부라지기를 반복했다. 그가 무엇이 어째서 그렇다고 설명했으나 나로서는 그 말이 생소하여 알아들을 수 없었다. 그가 다시 말했다.

"얼른 가서 가구용 콘크리트못을 사 오세요. 그래야 모든 것이 안전합니다."

그래도 뭔가 미심쩍어 뭐라고 한마디 하면서 철물점에 가려고 자리에서 일어났다.

그때 환상에서 벗어나 현실로 돌아왔다. 게다가 얼마 전에 그 콘크리트못을 한 통 사다가 공구실에 둔 것이 생각났다.

"이런! 건망증인지 치매인지, 즉시 보수를 마칠 수가 있었는데."

비록 꿈이었지만 못내 아쉬워하며 다시 눈을 감았다.

그리고 다시 환상에서 보니, 누가 이미 그 사방 모서리에 콘크리트못을 박아 튼튼하게 고쳐 놓았다.

"어휴, 이제야 안심이 되는군."

그리고 한숨 푹 자고 새벽에 일어났다. (2025. 10. 28)

## 좌망

좌망(坐忘)은 중국의 제자백가(諸子百家) 중에서 도가(道家)[10]

---

[10] 도교(道教)와 구분하여 노자(老子)와 장자(莊子) 등의 철학을 따르는 유파를 말한다.

의 수행 방법이다. 우주 만물의 원리(原理), 즉 도(道)와의 합일(合一)을 추구한다. 중국 철학의 도는 기독교 신학의 로고스(Logos)[11]와 같다.

로고스는 하나님의 말씀이다. 영원 전부터 영원까지 하나님과 함께 계시는 하나님의 아들, 곧 예수 그리스도를 의미한다. 따라서 도의 합일은 모든 수행자가 공동으로 추구하는 신인(神人) 합일(合一)의 경지를 뜻한다.

일찍이 장자(莊子)[12]는 무위자연(無爲自然)에서 생성(生成) 화육(化育)의 법칙에 따라 살다가 그렇게 자연으로 돌아갔다. 인위적인 방식에서 벗어나 자연과 합일을 이루었다. 이 또한 하늘 원리를 따른다는 의미에서 신인 합일의 수도 정신과 같다.

수실에서 망한 사람이 세상에서 성공한 사람보다 낫다. 우리는 보이는 것이 아니라 보이지 않는 것을 추구한다. 보이는 것은 잠깐이지만 보이지 않는 것은 영원하기 때문이다.

> '살리는 것은 영이니 육은 무익하니라. 내가 너희에게 이른 말이 영이요 생명이니라.' (요한복음 6:63)

---

**11** 요한복음 1장 1절에 나오는 철학 용어로 세상의 이치나 원리, 하나님의 이성이나 말씀을 의미한다.
**12** 본명은 장주(莊周, B.C. 369~286), 중국 전국시대의 송나라 사람으로 도가의 대표 인물이다.

## 달

    초승달인지 반달인지, 상현달이니 하현달인지 확실치는 않았지만, 희미한 달이 중천에 떠 있고, 그 빛이 온 대지를 비추었다. 혼잣말로 중얼거렸다.
    '저 달이 조금만 더 크고 밝으면 좋을 텐데.'
    그때 어디선가 소리가 들려왔다.
    "저 달이 보름달이면 그 자체로 표절 시비에 걸릴 거야."
    무슨 뜻인지 알 듯 모를 듯 알쏭달쏭하게 다가왔다. 이 또한 하나님의 섭리에 순응하는 것이 좋다고 생각되었다. (2025. 10. 29)

## 일가친척

    어느 날 무슨 큰 행사가 있는 듯, 일가친척이 줄을 지어 방문했다. 나는 그 입구에 서서 어른이나 아이 할 것 없이 일일이 반갑게 맞으며 악수하거나 어깨를 토닥이며 덕담을 나누었다. 작은 아이들 틈에 다소 큰 여자애가 있었다.
    "너는 벌써 어른이 된 듯하구나!"

## 대청소

앞으로 내가 쓸 방을 대충 청소해 두었다. 그런데 다시 가서 보니 또 더러워져 있었다. 누가 아무렇게 사용한 듯했다. 이런저런 소지품들이 여기저기 흩어져 있고, 옷가지들이 너절하게 널려 있었다.

"어쩌겠는가? 다시 정리하고 청소할 수밖에."

그런데 구석구석이 너무 더럽고 지저분하여 치우고 치워도 끝이 없었다. 게다가 누가 똥을 싼 것인지, 아니면 무슨 짐승이 들어와 변을 본 것인지, 바닥에 끈적끈적한 물질이 덕지덕지 붙어 있었다.

"아, 이건 도저히 안 되겠다. 물로 깨끗이 씻든지, 아니면 사람을 불러 청소할 수밖에."

## 두 형수

나는 거리의 수도자가 되어 어느 담장 밑에서 돗자리를 깔고 앉아 기도하고 있었다. 그때 두 형수가 기도 받으러 찾아왔다. 촌수는 형수가 맞았으나 둘 다 젊고 예뻤으며, 잔잔한 평화가 얼굴에 깃들어 은혜도 충만했다.

나는 자연스럽게 벽을 향해 돌아앉았다. 그때 한 형수는 오른편에, 다른 한 형수는 왼편에서 내 양쪽 다리 허벅지를 베고 뒤쪽으로 비스듬히 누웠다. 나는 여전히 눈을 감고 벽을 향한 채, 양손으로 형수들의 뺨을 쓰다듬으며 기도했다.

그들의 가정과 사업과 직장과 사역을 위한 기도가 너무 간절하여 끝날 듯하다가 이어지고, 또 이어지므로 오른쪽의 형수가 참다못해 일어나 옆에 앉았다. 그래서 서둘러 기도를 마쳤다.

## 헛간

전지가위와 톱을 들고 주변에 있는 수목을 정리했다. 그리고 뒤로 돌아가 헛간을 청소했다. 낡은 벽지를 뜯어내고 거미줄을 걷어냈다. 아무렇게 나뒹굴고 있는 각목과 판때기도 치웠다. 그렇게 대충 청소를 마치고 밖으로 나왔다.

그때 헛간 안쪽에서 요사스러운 여자 웃음소리가 시끄럽게 들렸다. 순간 등골이 오싹했다. 그냥 있을 수가 없었다. 그렇다고 무턱대고 문을 열고 들어가기도 부담스러웠다. 우선 톱을 그 문틈 사이로 끼워 넣고 아래위로 흔들며 소리쳤다.

"이 요망한 것들아! 어디 한번 나와 봐라! 이 톱으로 모조리 싹 잘라 줄 테니!"

그러자 안쪽은 순간적으로 잠잠했지만, 나는 더 이상 다른

대책이 없어 난감했다. (2025. 10. 30)

## 문

어느 개천가 산기슭 건물에 오래된 목재 문짝 네 개가 사방에 달려 있었다. 그 문이 너무 낡아 자주 열거나 닫기에는 어려워 보였다. 그래서 안쪽 문 두 개는 고정하고, 바깥쪽 문 두 개만 사용하려고 했다. 위쪽 문은 유치원으로 나가고, 아래쪽 문은 기도실로 나갔다.

## 수녀

하루는 일과를 마치고 주차장에 세워둔 차를 찾아 탔다. 그때 자매가 와서 타니 차가 스스로 후진했다. 기어를 바로 잡을 수 없었다. 그냥 그대로 가는 데까지 밀려갔다. 주변에 차가 많아 큰 사고가 날 줄 알았으나, 다행히 사고 없이 맨 뒤쪽 옹벽에 가서 차가 멈춰 섰다.

겨우 한숨 돌리고 차를 몰고 나오기 시작했다. 자매가 여전히 동승하고 있었다. 하지만 잠시도 가만히 있지를 않았다. 쉬지 않고 뭐라 옹알옹알하며 입을 놀렸다. 하지만 나는 그에 대해 어느 정도 적응력이 붙어 있었다. 자매는 늘 그렇게 불평불만을 표시했고, 나는 항상 그것을 마땅치 않게 여겼다.

차가 가파른 오르막길을 가고 있었다. 거의 다 올라갔을 때, 검은 옷을 입은 수녀가 앞에서 걸어갔다. 좀 방해가 되었으나, 좌측으로 피할 곳이 있어 스쳐 지나갔다. 수녀가 좌회전하라고 소리를 지르며 손짓했다. 그래서 좌측을 보니 잘 조성된 아름다운 도시가 있었다.

그러나 나는 아랑곳하지 않고 앞쪽 큰길로 계속 달렸다. 수녀가 뒤에서 뭐라고 계속 소리를 질렀다. 그때 앞을 보니, 수직에 가까운 낭떠러지 도로였다. 길은 잘 포장되고 넓었으나 경사가 너무 심해 떨어지는 순간 뼈도 추리지 못할 듯했다. 그러고 보니 돌아갈 수 없는 막다른 길이나 다름이 없었다.

그 순간 순발력이 발휘되었다. 우측으로 차를 바짝 몰아 벽에 붙이고, 오른쪽 다리로 그 벽을 밟아 버티며 자매에게 소리쳤다. 오른쪽 다리는 내 다리가 아니었다. 의지가 오히려 구원의 방패가 될 줄은 미처 몰랐다.

"빨리 내려! 뒤로 올라가!"

"왜 그래, 또?"

"아래를 봐! 등신아!"

"세상에!"

그래서 겨우 자매가 차 밖으로 빠져나갔다. 그리고 나는 거기서 어떻게 되었는지 모른다. 자매를 나무라며 다그치는 순간, 너무 급한 나머지 환상에서 현실로 돌아왔기 때문이다. 수녀의 말을 무시한 대가는 곧 죽음에 이르는 길임을 깨달았다.

"그래, 맞아! 그러고 보니 수녀가 나에게 딱 맞는 사람이야! 수도의 길이 나의 살길이요, 우리가 모두 살길이야!"

## 은자의 자유

진주의 가치는 조개의 진통에 비례한다. 은자도 진주를 품은 조개와 같다. 은자의 고통이 크면 클수록 주님의 영광은 더욱 빛이 난다. 나같이 하찮은 자에게도 그토록 적극적으로 개입하여 여기까지 이끌어 주신 주님께 감사한다. 그 숱한 죽음의 문턱에서 매번 건져내 이 모진 생명을 구원해 주셨기 때문이다.

진주의 인기는 조개의 상처를 먹고 자란다. 나도 그 모진 상처가 있었기에 주님의 영광을 드러낼 수 있었다. 그러니 날이면 날마다 주님께 감사할 수박에 없다. 그 은밀하고 깊은 상흔이 더욱 값진 은자의 자유로 다가왔기 때문이다. (2025. 10. 31)

# 티테디오스

시장통에서 갑자기 특전사 대원이 나타나 기관총을 내 얼굴에 갖다 댔다. 순간적으로 소리쳤다.

"티테디오스(Titedios)[13] 임동훈!"

그리고 무덤덤하게 있었다. 그가 말했다.

"미동도 없군!"

그리고 총을 거두었다. 나를 지프차에 태우고 최일선 전장을 향해 달려갔다. 나는 여전히 담담한 모습을 하고 있었다. 이미 죽은 자가 무슨 걱정이 있겠는가? 차가 숲길로 들어가 아슬아슬한 낭떠러지를 지나 한 진지에 이르렀다. 소위와 중사, 하사 등 하급 지휘관이 떼로 몰려나왔다.

그런데 정작 나와 함께 최일선 전장으로 떠날 부사관이 종적을 감추고 보이지 않았다. 거기 끌려가면 십중팔구 전사할 것이 뻔해 어딘가 숨었거나, 아니면 탈영한 것으로 보였다. 그때 특전사 요원이 뭐라고 한마디 하자 한 중사가 대답했다.

"뒤만 보면 삽니다. 앞은 소용없고!"

그 대원이 다시 말했다.

"그래서 여자들은 살고 남자들만 죽지."

---

[13] '절대 염려하지 않는 사람'이라는 뜻이다. 1세기 성도들이 이름 앞에 붙여 부른 별칭이다.

그리고 나를 지프차에 태우고, 다시 달려 길 건너편에 있는 본부 부대에 도착했다.

## 크리스토스

밤새 뒤척이다 새벽녘에 유체 이탈이 시작되었다. 몸도 안 좋고 경험상 너무 싫었지만, 달리 어찌할 방도가 없었다. 옆으로 비스듬히 쓰러지며 가상공간의 세계로 죽 빨려 들어갔다. 순간 뇌리를 스치는 것이 있었다.

"아직도 갚을 빚이 많은데…"

현실로 돌아가야 한다는 생각이 간절했다. 자칫하면 세상을 아예 등질 수도 있다는 사실을 경험칙으로 알고 있었기 때문이다. 그때 평소 익숙지 않은 고대 그리스어 Χριστός(크리스토스)[14]가 계속 내 입에서 튀어나왔다.

"크리스토스! 크리스토스! 크리스토스…!"

그러자 흐릿한 현실 세계가 감각적으로 몸에 느껴졌다. 즉

---

[14] 그리스어 크리스토스(Christos)는 히브리어 메시아(Messiah)로 '기름 부음 받은 자'라는 뜻이다. 여기서 영어 크라이스트(Christ)를 거쳐 한글 그리스도로 번역되었다. 그리스도는 예수님의 고유 직분이다.

시 머리를 흔들며 자리를 잡았다.

"어휴, 이러다가 언젠가는 그대로 골로 가고 말 거야. 그래, 그전에 미리 준비해야지. 사전에."

## 다섯 숫자

이래저래 마음이 뒤숭숭한 가운데 새벽예배 시간이 되었다. 예배 후 간절히 기도했다.

"아버지 하나님이시여, 염치없는 종이 감히 빕니다. 종의 아비와 어미의 건강을 지켜주소서. 그 몸과 마음을 편하게 하시고, 천수를 다하게 하소서. 주께서 아시다시피, 종과 주님의 교회에 가장 큰 버팀목이자 후원자입니다. 이 종이 빚을 다 갚을 때까지, 앞으로 5년 이상, 적어도 2027년까지 그 건강을 지켜주소서. 주님의 긍휼하심만이 우리가 살길입니다. 아멘."

그때 의미심장한 다섯 숫자 두 개가 보였다. 하지만 그것이 무엇을 의미하는지는 알 수 없었다. 아무튼 잊기 전에 기억하려고 얼른 메모해 두었다. 6, 15, 37과 12, 7, 30이었다. 2037년 6월 15일과 2030년 12월 7일로 여겨졌다.

어쩌면 내 부모나 아니면 나에 관한 무슨 일자로 짐작되었지만, 더 이상 이상한 생각을 하고 싶지 않았다.

(이후 아버지는 2023년 4월 22일 밤 10시 50분경 소천했다. 일단 아버지의 죽음과는 그 숫자가 관련이 없었다.)

## 트라우마

실제 상황 같은 환상이 보였다. 아버지가 나타나 채찍을 휘두르며 막무가내로 다그치는 폭력성 협박과 저주에, 나는 주눅이 들어 어머니를 핑계 대며 자리에서 벌떡 일어났다. 그리고 정신 줄을 놓은 채, 아이들을 무자비하게 짓밟으며 이리저리 떠돌아다녔다. 여전히 어디서 와서 어디를 가는지도 모른 채, 마냥 그렇게 세상을 떠돌며 방황하게 되었다.

그러던 어느 날, 나의 모습을 보고 소스라치게 놀랐다. 그때 그 아버지의 자리에 내가 그 아버지의 모습 그대로 우뚝 서 있었기 때문이다. 그것도 아주 흉측한 괴물의 모습으로.

'사람이 시험을 받는 것은 자기 욕심에 끌려 유혹을 받기 때문입니다.'(야고보서 1:14)

## 도갓집

　어둑새벽에 손수레를 끌고 도갓집을 찾아갔다. 일꾼들에게 줄 막걸리를 사기 위해서였다. 아직 주변이 어두컴컴했으나 다행히 가게 문은 열려 있었다. 안으로 들어가 보니 무협영화에서나 볼 듯한 아주 오래된 목조 건물이 있었다. 안마당을 지나 문 앞에 이르자 안주인이 문을 열고 나왔다. 막걸리를 한 통 달라고 하니 주면서 말했다.

　"잔돈 없어요?"

　그래서 지갑을 꺼내니 여주인이 다시 말했다.

　"인정 사진을 올려야 하니 우선 만 원만 주세요."

　그래서 10,000원을 건네주었다. 사진을 찍고 나서 잔돈으로 4,800원을 내어주었다. 그대로 받기는 했으나 계산이 어떻게 되었는지 아리송했다. 하지만 괜히 바쁜 사람을 붙잡고 귀찮게 할까 싶어 아무 말도 하지 않았다.

## 펜션 사업

　내 손에 달걀 두 개가 들려 있었다. 하나는 백봉알로 작고 연약했으나 다른 하나는 청계 알로 크고 단단했다. 그런데 청계 알이 일부 깨어져 있었다. 자세히 보니 삶은 달걀이었다.

그래서 까먹으려고 테이블에 두었더니, 친구 두 명이 다가와 그 맞은편에 앉았다.

그들 중에 한 친구는 '고상한 돈'이고, 다른 친구는 '동녘의 이익'이었다. 그들이 달걀 두 개를 까먹었다. 출근 전에 미리 요기하는 듯했다. 그때 '원래 이익'이 주막집 주인 '세 현인'과 함께 길을 나서며 말했다.

"이제 펜션 사업도 얼마 남지 않았어. 거의 다 끝나 가. 막바지야."

그리고 나를 보더니 한마디 덧붙였다.

"당신도 펜션을 한다면서. 그것도 50평이나 되는."

"글쎄요? 옛적 이야기겠죠."

그리고 곰곰이 생각해 보니, 우리 교회를 말하는 것 같았다. 지금 교회 건물이 등기상 창고로 30평이지만, 추가로 공사한 부엌과 통로 등을 합치면 50평쯤 되었다. 이 외에는 그런 건물을 소유한 적이 없었다.

## 서상주

우리 모임에 속한 목사님이 안부를 전했다.

"목사님, 요즘 어떻게 지내세요."

"그럭저럭 잘 지냅니다."

"저는 다른 교회로 갑니다."

"아니, 뭐요? 오신 지 얼마나 되었다고? 여기서 은퇴한다고 했잖아요?"

"그렇게 되었습니다."

"어디로?"

"서상주."

"서상주? 언제?"

"3월 중순에 갑니다."

"정들만 하니 또 떠나는군요."

'서상주'라는 지명이 생소하여 인터넷을 찾아보니 '서쪽 상주시'가 있었다. 이상한 꿈을 갑자기 꾸어 마음이 싱숭생숭하여 잠을 이룰 수 없었다.

## 꽃 수

삼산 잠이 들었다가 이상한 환상을 보았다. 비몽사몽간에 어떤 사람과 바둑을 두고 있었다. 위쪽과 아래쪽의 포석이 거의 끝난 듯했다. 그래서 전체 판세를 쭉 훑어보았다. 그때 바둑판이 꽃 수를 놓은 수건이 덮여 더 이상 반상의 돌을 볼 수 없었다.

"아니, 어떻게 된 거야?"

"그냥 그대로 두어."

그때 전투는 아직 시작하지도 않았다.

"그럼, 여기는 한 칸이 빈 거야, 두 칸이 빈 거야?"

더 이상 수를 읽지 못해 모든 것이 갑갑하고 짜증스러워 미칠 지경이었다.

## 동창회

20년 전에 다닌 직장을 다시 찾았다. 아버지뻘 되는 옛 동료를 만났다. 이런저런 이야기를 나누며 계단을 걸어 올라갔다. 그의 복장이 특이하여 물어보았다.

"요즘 뭐 하세요?"

"나는 일평생 한 작품을 위해 일하지."

그때 직원 아파트 단지 앞에서 벼룩시장이 열리고 있었다. 이름도 기억나지 않는 동창생 하나가 다가와 어색하게 웃으며 말했다.

"오늘 동창회가 있어서."

그 말을 듣고, 나는 즉시 방향을 바꿔 그 동창생을 따라갔다. 옛 동료에게 작별 인사도 하지 않았다. 그가 평생을 바쳐 만드는 작품이 궁금하지도 않았다. 순간적으로 그를 까맣게 잊어 버렸다.

## 꽃씨

 주일 오후에 예초기로 도로변의 풀을 베었다. 하나님의 수도 정원에 꽃이 없어 삭막하다는 느낌이 들었다. 좀 늦었으나 인터넷으로 꽃씨를 주문하여 마루 우편에는 희망의 코스모스를, 좌편에는 행복의 만수국을 뿌리고 물을 주었다.

## 무호흡증

 잠을 자는 것도 아니고, 그렇다고 자지 않는 것도 아니고, 하룻밤에 두세 번, 더러는 너덧 차례 일어나 무슨 음료를 마시거나 위장을 추슬러야 하니, 불편하기 짝이 없었다. 하지만 어쩌겠는가? 이것도 나의 십자가라면 평생 지고 갈 수밖에.
 이는 수면 무호흡증이다. 심장부정맥, 위하수와 더불어 1970년 사고 이후 계속 이어지는 3대 고질병이다. 자세히 모르긴 하여도, 언젠가는 이 질환 가운데 하나로 인해, 아니면 그 후유증이나 복합 장애로 인해, 나는 천국으로 들어갈 가능성이 매우 높다.
 그래서 나는 멀리 여행하거나, 다른 사람과 같이 외부에서 잠을 자기도 두렵다. 하루하루를 그냥 그대로 살아갈 뿐이다. 오래전 할머니가 말했다.

"숨을 쉬지 않아 죽은 줄 알았어."

일찍이 강원도 어디에서 한숨 자고 일어나 보니, 여자 친구가 전깃불을 환하게 켜 놓고 내 옆에 앉아 지켜보고 있었다.

"숨을 쉬지 않았어요."

하나님
오늘도 하루
잘 살고 죽습니다.
내일 아침
잊지 말고
깨워 주십시오.

나태주(1945~) 시인의 시 〈잠들기 전 기도〉가 생각나는 아침이다. (2025. 11. 5)

## 산책

누가 시키지 않았지만, 마을 사람들이 습관적으로 모여 줄지어 산책하고 있었다. 그들 중에서 나는 두 번째로 걸어갔다. 짧은 흰 지팡이를 짚고, 작은 흰 고무신을 신고, 다소 불편한 몸을 이끌고, 내 앞에 걸어가는 사람만 보고 그 뒤를 따라갔다. 그는 흰옷 입은 준수한 청년이었다.

  나는 다리 장애로 인해 가끔 그와 거리가 멀어지기도 했다. 그때마다 그가 뒤돌아보고 속도를 조절하여 거리를 지켜주었다. 가파른 턱으로 내가 넘어가기 힘들 때는 손을 잡고 끌어주기도 했다. 축축한 바위 위를 걸어갈 때는 그 짧은 지팡이가 큰 버팀목이 되었다. 꽉 긴 작은 신발도 벗겨지지 않아 다소 도움이 되었다.

  그렇게 우리는 마을을 두 바퀴 돌고 어느 건물 안으로 들어갔다. 마지막으로 건물 문턱이 높아 나를 힘들게 했지만, 그가 돌아와 내 손을 잡아줌으로써 쉽게 넘어갈 수 있었다. 그때 저만큼 안쪽에서 작은 자매가 수북이 쌓아 놓은 짐보따리를 하나씩 풀기 시작했다. 그동안 자매는 짐을 싸서 한쪽에 쌓아 놓고, 언제든지 떠날 준비를 한 것으로 보였다. (2025. 11. 7)

## 요절

  수도원 아빠스가 수도자들의 요절을 받아 한쪽에 진열하고 있었다. 마지막으로 내가 서둘러 말씀을 건네줌으로써 진열을 마쳤다. 그런데 나는 한 장이 아니라 여러 장으로 그중에 우선 몇 장만 진열하게 되었다. (2025. 11. 7)

## 민물고기

어떤 친척이 물고기 한 마리를 사로잡아 들고 왔다. 그것도 산 자의 증거로 보탬이 될 듯했다. 그래서 한 마리를 더 보태 두 마리를 수조에 담고 수돗물을 부었다. 그런데 얼마 후 보니 두 마리 다 죽었다.

그들이 두 눈을 부릅뜨고 아가미를 엉클어지게 벌린 채 온몸을 비틀고 힘들게 죽어있었다. 뱀장어나 붕장어처럼 보였으나 확실치는 않다. 다만 민물과 바닷물이 섞여 죽은 것으로 짐작되었다.


## 오목

두 사람이 야외 테이블에 앉아 있었다. 그들에게 음료수를 대접하려고 찾아보았으나 없었다. 가게에 가서 두 개밖에 없는 캔 커피를 사다가 주었다. 그들이 자리에서 일어나 커피를 들고 말했다.

"이제 일을 다 마쳤으니 여기서 오목이나 한판 두고 가자."

그래서 시간이 좀 더 지체되는 듯했다.

## 행복 꽃집

거친 난간을 넘어 집으로 돌아가는 길이 다소 힘들었다. 그 집 옆으로 나오며 보니 큰 대문 두세 개를 지나 왼편에 바로 우리 집이 있었다. 그 길목에 '행복 꽃집'이 있어 잠시 들렀다. 다음에 꽃이 필요할 듯해서 명함을 받아 나왔다.

그때 그 명함과 함께 선물도 같이 받았다. 길가에 나와 펼쳐 보니 큰 건물 외벽에 수직으로 내걸 수 있는 긴 현수막이 두 개 들어 있었다. 그 외에도 몇 가지 선물이 더 있었다.

## 단세포

하루는 보니 내가 허공에 매달려 둥둥 떠 있었다. 무슨 단세포나 DNA처럼 느껴졌다. 얼키설키 얽힌 대나무 바구니 속에 오색 당구공이 여러 개 들어 있는 것처럼 보였다. 그리고 저마다 나선형으로 돌돌 뭉쳐 있었다.

하지만 그 존재감이 너무 미미하여 존재하는 것도 아니고, 그렇다고 해서 존재하지 않는 것도 아니었다. 그야말로 있는 듯 없고, 없는 듯이 있었다. 그것이 바로 나의 나 된 것이었다. 그때 순간적으로 머리에 떠오르는 것이 있었다. 이것이 주님의 은혜로 내가 빚을 갚고 지상 순례를 마치게 된 나의 본질처럼 느껴졌다. 내 영혼이 내 육체의 실체를 본 듯했다.

"아, 내가 다시 그 단세포로 돌아간다는 말이구나. 오, 주 예수여! 이제야 이 종의 빚을 모두 갚아주시니 감사합니다. 제가 부족하여 주께서 대신 갚아주셨습니다."

## 정치꾼

그동안 무슨 사정이 있었는지 모르지만, 한 거물 정치꾼이 나의 가는 길을 심하게 방해하고 있었다. 아무 힘도 없고, 권세도 없고, 돈도 없는 나로서는 눈물을 머금고 그에 따를 수밖에 없었다.

## 꿩닭

닭도 아니고 꿩도 아닌 것이, 무슨 약이라도 먹은 듯 비실비실하고 있었다. 눈앞에 그 새끼 한 마리가 알짱거리는 것을 보고 붙잡아 바구니에 담으려고 했다. 그때 이미 한 마리가 바구니 안에 있었다. 병아리도 아니고 꺼병이도 아닌 샛노란 놈이, 똥을 한 바가지 싸 놓고 거의 죽어가고 있었다.

"어휴, 저런 지저분한 놈! 어차피 죽을 놈이!"

20년쯤 가금류를 키워본 경험상 그런 놈은 살릴 수가 없었다. 어쩌다 산다고 해도 얼마 못 가서 죽었다. 그래서 다리를 잡아 멀리 던져버리고, 대신 방금 잡은 까무잡잡한 놈을 거기 집어넣었다. 그놈은 아직 생기가 있어 빠져나가려고 몸부림을 쳤고, 나는 달아나지 못하게 붙잡기를 거듭했다.

## 아마와 프로

어느 수련원에서 '질병 관찰' 친구와 탁구를 같이 쳤다. 그는 나와 동창생으로 나이는 한 살 어렸으나 과묵하고 어른스러웠다. 중학교 3학년 때 무슨 일로 그와 합숙하며 겪은 일처럼 여겨졌다. 나는 나름대로 최선을 다했으나 도저히 그를 이길 수가 없었다. 혹시나 하고 한 판 더, 한 판만 더 하면서 게임을 계속했으나 실력 차이만 확연히 드러날 뿐이었다.

그리고 그는 아무 말도 없이 라켓을 건네주고 떠나갔다. 나는 그걸 받아 내 가방에 넣고, 원래 탁구대 위에 놓인 라켓을 거기 두고 걸어 나왔다. 나는 아마추어 주제에 고급 라켓을 가지고 다녔고, 그는 프로급 선수임에도 맨몸으로 왔다가 빈손으로 사라졌다.

## 작은 자

다음 주부터 우리 교회에 나오기로 한 자매로부터 전화를 받고 그 식당을 방문했다. 한 자매는 나와 같은 나이로 뚱뚱했으나 다른 한 자매는 두 살 아래로 홀쭉했다. 두 사람은 조금 떨어진 곳에서 각자 식당을 하며 살아가고 있었다.

요즘 장사가 안돼 먹고살기 어려우니 기초생활수급자가 될 수 있도록 좀 도와달라는 것이었다. 일찍이 나를 통해 이런저런 도움을 받은 사람들의 소문을 듣고 우리 교회를 알게 되었다고 했다.

(그래서 다음 날, 그녀는 우리 교회로 전입신고를 마치고 수급자 신청을 한 바, 모든 심사를 거쳐 두 달쯤 후에 수급자가 되었으며, 그리고 얼마 후 노인 복지주택에 입주했다.)

그러고 보니 일가를 창립하고 수급자가 된 사람, 이름을 바꾸고 호적을 정정한 사람, 큰 병원에 가서 정식으로 검사하고 진료를 받은 사람, 착오로 나이를 바로 잡은 사람 등, 사회적으로 소외된 작은 자 가족들이 여러 명 있었다.

"오, 주여! 주의 긍휼하심만이 이들의 살길입니다."

## 골목길

어느 골목에서 놀다가 보니 자정을 훌쩍 넘겼다. 어떤 자매에게 이끌려 좌측 골목길로 들어갔다. 막상 가서 보니 내가 어릴 때 살던 우리 집이었다. 그의 두 딸은 아랫방에서 나의 동태를 살피고, 안방에서는 한 남자가 나를 지켜보고 있었다. 자매가 말했다.

"남동생인데 지금 간다고 하네요."

내가 마당에서 서성거리니 그가 와서 축구 이야기를 했다.

## 동반자

지구촌 여행을 하면서 앳된 토끼 한 마리를 만났다. 그 얼굴은 밝고 빛나며 귀여웠으나 너무 안타까운 모양새였다. 무슨 물이 가득 담긴 둥근 크리스털 용기를 겉옷처럼 입고 앉은 뱅이처럼 여행하고 있었다. 혹시나 하고 붙잡아 아랫도리를 살펴보니, 다행히 두 발과 항문은 불그스레하게 밖으로 나와 있었다.

"음, 먹고 자고 싸는 본능 수행은 가능하겠군."

이후 그 토끼와 동반 여행을 계속했으나 난코스만 이어졌다. 강과 계곡의 징검다리를 건너기도 힘이 들었고, 산과 재를 넘어가며 난폭한 사람과 짐승까지 맞닥뜨렸다. 그러다가 무심코 돌아보니, 내 등에 어린아이까지 업혀 있었다.

## 식사

저만큼에서 친구이자 사업가인 '가득 찬 윤택'이 주변을 두리번거리며 봉고차를 타는 모습이 보였다. 그가 나를 보고 멈칫하더니 그냥 차에 올랐다. 차 안에 있는 다른 친구 '만사 좋아'가 서둘러 가자고 재촉한 것으로 보였다.

그래서 나는 그 친구들을 만나지 않고 따로 식당에 들어갔다. 수십 명의 아줌마들이 뼁 둘러 배추를 씻고 있었다. 이미 배식이 다 끝난 듯이 보였다. 그때 주방장이 나를 보고 다가와 물었다.

"식사하시게요?"

"예."

그가 부주방장에게 말했다.

"여기 식사 좀 차려 드려."

그가 안쪽 테이블로 나를 데리고 들어갔다. 그리고 앉으라고 의자를 내어주며 다시 나갔다. 그때 한 젊은이가 와서 순식간에 그 의자를 가로채 자기가 앉았다. 내가 물었다.

"식사하시게요?"

"예."

그때 주방장이 와서 내 식사를 식탁 위에 올려놓았다. 그런데 그 젊은이가 다짜고짜 그 음식을 가로채 먹기 시작했다. 주방장이 양해를 구했다.

"한 사람이 더 와서요."

그리고 다시 가더니 빈 접시를 들고 와 그와 함께 음식을 나눠 먹으라고 주었다. 그래서 나는 그가 먹고 남은 것을 먹으려고 젓가락을 들었다. 우선 그가 반쯤 먹고 남은 생선알 몇 개를 단숨에 집어먹었다. 또 밥을 보니 밑바닥에 조금 남아 있었다. 그거라도 먹으면 허기는 면할 듯이 보여 다행이라 생각했다.

## 사모

우리 교회 교인들끼리 다툼이 생겨 두 패로 갈라졌다. 희한하게도 교인이 열 명쯤만 되면 꼭 사고가 생긴다. 그것도 소위 사모라는 자매가 그 원인을 제공하고 있다. 나는 내 빚을 갚으려고 발버둥을 치지만, 자매는 그 돈을 빼돌려 교인들에게 빌려주고 낭패를 보곤 했다.

한 집사에게는 중고차를 사 주었다가 낭패를 보았고, 다른 한 집사에게는 사업비로 현금을 빌려주었다가 결국은 돈도 못 받고, 그들은 모두 교회를 떠나고 말았다.

그러고 보니 불과 얼마 전의 일이다. J 집사가 H 성도에게 점심시간만 일을 도와달라고 하여 시간제로 일하고 있었다.

H 성도는 허리가 안 좋아 진통제를 먹으며 근무했다. 하루는 J 집사가 자매에게 그에 대해 불만을 토로하자 자매가 대뜸 이렇게 말했다고 한다.

"그러면 집에서 놀고 있는 K 집사를 쓰세요. 일을 두 배나 잘할 거예요."

이 말을 J 집사가 H 성도에게 그대로 전했다. H 성도가 화가 머리끝까지 치밀어 자매에게 항의하고 K 집사에게 전화해 소리쳤다.

"야, 이 XX 년아! 그 개새끼 당장 가져가!"

H 성도와 K 집사는 한 살 차이로 서로 언니 동생 하면서 친하게 지내는 사이였다. H 성도는 혼자 살고 있었다. 그래서 얼마 전 K 집사가 H 성도에게 개 한 마리를 불임수술까지 시켜 선물로 주었다. 이제 그 개까지 보기가 싫어진 H 성도가 K 집사에게 개새끼를 가져가라고 다그친 것이다.

K 집사는 자기 집에도 개가 많아 둘 곳이 없으니 키울 사람이 나타날 때까지 좀 기다려 달라고 했다. 하지만 그럴만한 기분이 아니라 막무가내였다. 그래서 H 성도가 과수원에서 일하는 나를 찾아와 더 이상 교회에 나오지 않겠다고 하면서 그동안 벌어진 일을 털어놓았다.

"글쎄, 개가 나보고 '늙은 년이나 젊은 년이나' 하면서 막말을 한 거예요. J 집사와 나보고 한 말이 아니겠어요?"

그래서 자세한 얘기는 나중에 하고, 우선 그 개부터 여기

과수원으로 끌어오라고 했다. 그리고 옆에서 지켜보고 있는 자매에게도 말했다.

"K 집사와 당장 같이 가서 그 개새끼부터 끌고 와."

그렇게 해서 H 성도를 돌려보내고 자매와 K 집사를 뒤따라 보냈더니, 그 개를 개집과 먹이통, 사료까지 사서 끌고 왔다. 그렇게 개 문제는 일단락되었지만, 결국은 네 사람이 교회를 떠남으로써 우리 교회는 반토막이 났다.

얼마 후 다른 김 집사 가족과 은퇴 목사 가족까지, 모두 여덟 명이 그 일로 인해 우리 교회를 떠남으로써 결국은 K 집사 한 사람만 남게 되었다. 내가 K 집사에게 위로했다.

"너무 상심하지 마세요. 그들은 이미 교회를 떠났어요. 그들을 설득해서 다시 데려다 놓은들 신앙생활을 제대로 하겠어요. 하지만 집사님이 그동안 그들과 친하게 지냈으니, 언젠가 기회가 되면 서로 만나서 화해하세요."

그러자 K 집사가 말했다.

"제가 열심히 전도해서 그 자리를 채울게요."

이후 김 집사는, 부득이한 사정이 없는 한, 정기예배에 빠지지 않고 꼬박꼬박 참석했다. 상당한 진전이었다. 그는 우리 교회에 나오기 전까지 울산의 어느 큰 교회에 30년간 다녔다고 한다. 그러다가 귀촌하면서 그 목사님에게 인사를 했더니 이렇게 되물었다고 한다.

"누구세요?"

"아닙니다. 아무것도 아녜요."

## 작은 자매

작은 자매가 사사건건 나의 일을 방해하고 불평불만을 드러냈다. 얼마 전 닭장에 뱀이 들어가 119를 불러 처리한 적이 있었다. 이후 20년 이상 키워온 닭들을 정리하기로 마음먹고 당근에 올렸더니, 인근 마을에 사는 젊은이가 와서 열 마리를 다 가져갔다.

그가 키우던 개가 이웃집 닭 두 마리를 물어 죽여, 부득이 자기 닭으로 물어 줘야 한다고 하면서 우리 닭을 사 갔다. 그런데 자매가 그것을 핑계로 또 불평불만을 드러냈다. 30만 원 이상도 받을 수 있는 닭을 15만 원에 팔았다는 것이 이유였다.

그리고 저녁에 밭떼기 장수가 와서 우리 사과를 팔 의향이 있는가를 물었다. 나는 가격을 알아보고 나서 어느 정도 맞으면 팔고 싶었으나, 자매는 다짜고짜 이미 계약이 되었다고 하면서 매몰차게 물리쳤다. 물론 지금 활동하고 있는 재정 단체의 간사들을 통해 어느 정도 판매할 수는 있다고 본다.

## 삼층천 소감

〈머나먼 수도의 길, 삼층천〉 여행을 시작하고 약 한 달이 되었다. 이제 〈고달픈 은자의 삶, 오봉산〉 등정도 거의 마무리되었다. 〈삼층천〉을 가장 먼저 읽은 사람은 동료 목사님이었다. 10월 28일 세미나 때, 이 책이 나온 지 10일 만에 만나 그가 말했다.

"아직 책을 다 읽지는 못했지만, 이번 책이 에세이 가운데 가장 잘 쓰신 듯합니다. 중간중간 들어간 간증이 흥미를 안겨주면서 읽기도 쉽고 내용도 좋았습니다."

그는 이 말을 반복하면서 나에 대한 위로와 격려를 아끼지 않았다. 하지만 한편으로는 뭔가 아쉽고 많이 놀란 듯한 표정을 지었다.

그리고 11월 4일, 60대 초반의 권사님이 메시지를 보냈다.

"목사님께 전합니다. 저희 부부가 〈머나먼 수도의 길, 삼층천〉을 사서 다 읽었습니다. 이 책을 읽으며 은혜도 받았지만, 심금을 울리는 감동의 말씀들로 눈물이 났습니다. (중략) 감사합니다. 조석으로 기온 차가 심합니다. 감기에 조심하시고요. 항상 건강하세요."

그리고 11월 10일, 이들이 직접 우리 교회를 방문하여 나를 위해 간절한 마음으로 기도해 주었다.

그러고 보니, 〈삼층천〉을 읽고 느낀 소감이 대충 다섯 가지로 보였다. 이는 실로 그들이 깜짝 놀랄만한 일이었다.

첫째, 나이였다. 평소 생각보다 내 나이가 너무 많다는 사실이었다. 나는 얼굴에 주름살도 그리 많지 않고, 머리가 많이 세지도, 빠지지도 않았다. 20대의 동안을 그대로 유지하여 70살이 되었으나, 50살 초반쯤으로 보였다.

둘째, 장애였다. 언뜻 보면 허우대가 멀쩡하여 건강하게 보였으나 알고 보니 치명적 장애인이었다.

셋째, 빚이었다. 평소 돈 많은 돈쟁이로 알았으나 40년 넘게 빚을 안고 살아가는 빚쟁이였다.

이 세 가지는 나도 알고, 나를 아는 사람이라면 거의 다 아는 사실이었다. 그런데 나도 모르는 사실이, 이 책을 통해 두 가지 정도 더 드러났다.

넷째, 가면이었다. 나는 천사표 얼굴을 가졌지만, 그것은 악마가 덧씌운 페르소나였다.

다섯째, 패륜아였다. 나는 어진 목회자가 아니라 모진 패륜아였다. 실로 부모와 형제자매, 처자식까지 다 버리고 혼자 제멋대로 살았다. 그러면서도 마치 석가나 공자, 예수나 된 듯이 거들먹거렸다.

"아, 이제 와서 내가 무엇을 변명하겠는가? 누가 나에게 '너 누구냐?'라고 묻는다면 대답은 오직 하나뿐일 것이다."

'나는 골백번 죽어 마땅한 사람입니다. 주의 긍휼하심만이 죄인이 살길입니다.'

그래서 질부 권사님과 조카 집사님이 찾아와 나를 위해 기도하며 말했다.

"정말 죄송합니다만, 목사님께서는 고령이잖아요.…"

그리고 위로하며 격려도 마지않았다.

"그런 일련의 일들이 있었기에 오히려 간증하실 수 있고, 하나님의 은혜를 더욱 드러내실 수 있잖아요."

**후기**

〈고달픈 은자의 삶, 오봉산〉의 등정이 우리에게 꼭 필요한 이유는 거기서 참 자유와 평화와 기쁨을 발견할 수 있기 때문입니다. 우리가 봉사적 활동으로 이웃을 사랑하듯이, 우선 봉쇄적 관상으로 하나님을 만나야 합니다. 이는 모든 수도자의 필수적 과정입니다. 어느 하나로는 부족하고 둘의 보완이 필요합니다.

수도 생활은 비우고 버리고 벗어나는 훈련의 과정입니다. 잡다한 마음을 비우고, 부질없는 생각을 버리며 모든 집착에서 완전히 벗어나야 합니다. 남자는 여자의 손아귀에서 벗어나고, 여자는 남자의 발치에서 벗어나야 합니다.

수도자의 사전에는 사랑하는 남자도 없고 사랑하는 여자도 없습니다. 오직 사랑하는 이웃만 있습니다. 부모도 없고 형제

자매도 없고 배우자도 없고 자식도 없습니다. 집도 없고 전답도 없고 재물도 없습니다. 모든 것을 다 포기해야 합니다. 그때 우리는 하나님을 만날 수 있습니다.

김혼비 작가가 수필집 〈다정다감〉의 에필로그에서, 전희도 없고 후희도 없이 그저 삽입만 있는 섹스 같은 느낌이라고 자신의 글을 자평한 것이 생각납니다. 하지만 그 책은 재미도 있었고, 흥미를 끌 만한 내용도 많았습니다.

하지만 필자의 에세이는 그저 밋밋하고 무미건조하다는 느낌이 듭니다. 다양한 꽃모종을 250여 포기 여기저기 무작위로 심어 놓은 듯합니다. 이것이 싹을 틔우고 잎을 내고 줄기를 뻗어 꽃을 피우고 열매를 맺는 일련의 과정을 모두 독자의 상상에 맡겼습니다.

이 책은 어떤 목적이나 무슨 목표를 염두에 두고 쓰지 않았습니다. 그때마다 주어지는 영감을 그대로 글로 옮긴 것이고, 그 글이 있어 책으로 펴낸 것입니다. 따라서 필자의 주관적인 이야기로 가득합니다. 신앙생활을 하면서 체험하거나 꿈을 꾸고 환상을 본 내용이 거의 전부입니다.

따라서 주제에 따른 특별한 의미를 부여하지 않은 채 그냥 적어 놓았습니다. 제목도 대충 보고 달았습니다. 본문과 맞지 않는 주제가 많습니다. 어렴풋하게나마 짐작이 가거나 해설이 가능한 부분도 더러 있었지만, 일일이 설명하지 않고 덧붙이지 않았습니다.

하나님의 계시는 아무리 하찮은 듯이 보여도 신령하고, 그에 따른 해석도 단순하지 않으며, 모든 것이 신비하기 마련입니다. 사람의 언어로 그리 쉽게 해석하거나 논리적으로 변증할 부분이 그리 많지 않습니다.

<예수나라 옴니버스>를 시리즈로 10권 펴내고, 11권의 자료가 거의 준비되었을 때, 뜻하지 않은 해킹으로 결국은 편찬하지 못했습니다. 이제 그 12권이라 할 수 있는 <고달픈 은자의 삶, 오봉산>을 그 이름만 바꿔서 펴내게 되었습니다.

2015년 <예수 복음>에 이어 2025년 <머나먼 수도의 길, 삼층천>과 <고달픈 은자의 삶, 오봉산>까지 약 10년 동안에 걸쳐 20여 권의 책을 펴내게 되었습니다. 하지만 그 어느 것 하나도 자신 있게 어필할 만한 책이 없다는 사실도 인정하지 않을 수 없습니다. 그 숫자만 늘려놓은 듯합니다. 나름대로 심혈을 기울여 썼다는 <예수 복음>도 그렇고, 나머지 책들도 독자의 사랑을 받기에는 미흡하다는 생각이 듭니다.

그럼에도 혹시, 하나님께서 영감을 주신 글들이 지극히 일부라도 이 책에 스며들어 있고, 누군가에게 그 영향을 끼칠 수만 있다면, 그것이 여러분의 오봉산 등정에 조금이라도 도움이 된다면, 이로써 필자는 만족할 것이며, 그들과 함께 작은 기쁨을 나누고 싶습니다.

어느 날 인터넷을 통해 우연히 <예수 복음>의 독자가 준 평점을 보았습니다. 놀라지 마세요! 5점 만점을 받았습니다. 그런데 그것이 '갓피플'이라는 독자 한 분이 준 평가였습니다. 그래도 기분이 좋았습니다. 또 한 기업가가 쓴 <예수 복음>의 서평도 상당히 고무적으로 다가왔으며 큰 격려를 받았습니다.

아직도 세상에 갚을 윤리적이고 도덕적인 빚이 있지만, 일모작 공직 생활의 후유증에서 어느 정도 벗어난 듯합니다. 아울러 이모작 목회 활동의 유통기간도 거의 끝나가고 있습니다. 마지막 수도의 길이 얼마나 될지는 하나님만이 아시겠지만, 그 남은 조각을 찾아 이제 떠나려고 합니다.

비록 아무도 알아주는 이 없어도, 그것이 주님과 함께하는 길이라면, <고달픈 은자의 삶, 오봉산>의 등정이 아무리 힘들고 어렵더라도, 기꺼이 그와 함께 그 길을 묵묵히 걸어가기를 소원합니다.

우리 한반도의 백두산과 묘향산, 금강산의 비로봉 등정은, 지금 당장은 어려울 수 있지만, 민족의 화해나 국토의 통일이 이루어지면 가능할 것입니다. 삼각산의 인수봉과 지리산의 천왕봉 등정은 마음만 먹으면 언제든지 가능하겠지만, 필자에게는 문학과 마음속의 등정으로 남을 것입니다.

그러나 그 오봉산의 다섯 봉우리로 작은 자들의 삼모작 수도 생활이 완성될 수만 있다면, 이로써 필자의 카이로스 시간의 남은 조각을 온전히 주님께 바칠 수만 있다면, 이보다 더 큰 영광은 없을 것입니다.

이 모든 일들의 과정을 하나님만이 아시겠지만, 이 작은 글의 조각을 대하는 미지의 독자들을 위해 잠시 기도합니다. 이제부터 세상 끝 날까지 이어지는 그 긴긴 이야기는 여러분이 직접 성령님과 교통하며 쓰시기를 바랍니다. 이제 때가 되어 필자의 졸필은 여기서 멈춥니다.

"우리 주 예수 그리스도의 크시고 놀라우신 은총이 여러분과 항상 함께하시기를 빕니다. 아멘!"

Elim Hermitage, Climacus 임동훈

## 후시

우리가 알기로

이제 그는

고요한 수실에서

고이 잠들어 있습니다.

은사의 자유를

가슴에 품고.


아멘

주 예수여

어서 오소서.

마라나타!

- 은자의 시 (티테디오스 클리마쿠스 은수자)